省エネ住宅・断熱等級**6**の目指し方

熊澤悟史 著
KUMAZAWA SATOSHI

今すぐ使える 80の基本知識と推奨仕様

JN205705

学芸出版社

はじめに

2025 年 4 月の改正省エネ法で、新築住宅は一定の断熱性能をクリアすることが義務化されます。その断熱性能は「等級 4」と呼ばれるもので、一昔前までは一般的に高気密・高断熱住宅の象徴と呼べるものでした。これまでこの等級 4 とすることで「わが社の住宅の断熱性能は最高等級です」という宣伝文句で売っている工務店もたくさんありました。そのレベルが義務化されることになるのです。

また、設備の省エネルギー性能も評価されて一定のレベルをクリアすることが義務づけられます。消費するエネルギーを最小限におさえる工夫が求められます。

そして 2030 年までにはさらに一段階進み、今度は等級 5 相当（ZEH 水準）が義務化される流れができています。住宅分野の性能強化の流れはここで一段落します。つまり、現在の一連の省エネ化の流れの中で本当に注目すべきなのは、2030 年までに義務化される等級 5 相当（ZEH 水準）の基準ということです。2025 年の基準だけを追いかけていたら、わずか 5 年で時代遅れになるのです。

本書は、適切な省エネルギー住宅をつくるための基本を学ぶものです。断片的な知識はあるけれども、体系的にもう一度イチから理解したい方にお届けしたい内容となっています。法改正の概要、守るべき基準、断熱・気密とは何かという基本的な理解、設計のポイントとディテール、断熱材の種類と特徴、一次エネルギー消費量の計算方法、空調・給湯設備の種類とそのメカニズムなどを解説しています。また加えて、断熱等級ごとに標準の仕様を掲載し、それらを比べて見ることができるようにしています。

「こんなん、ワシらにもわかるんか」という方にこそお読みいただけるように、内容・表現を工夫いたしました。

さらに本書は、つくるべき省エネ住宅として「断熱等級 6」が主流になると考えています。このレベルの住宅は、ZEH 水準を上回るものになりますが、その快適性とコストパフォーマンスの観点から、今後のスタンダードとなるであろうと考えるからです。日本の住宅ストックにとってもよい方向に導くことになるでしょう。

なお、本書は基本的に地域区分 5 ～ 7 地域の木造住宅に絞って話を進めています。地域区分とは日本を 8 つの地域に分けたものです（詳細は 04、p.15 参照）。ほかの 1 ～ 4 地域は日本でも相当な寒冷地に当たり、今回の改正省エネ法を待つまでもなく断熱化は進んでいると考えるからです。

なので、そんな 5 ～ 7 地域の方にこれから始めるにしても無理のないレベルの断熱化と、省エネ化を意識した設備の選択のための知識を提供しています。

はじめに　2

00 断熱性能を上げる基本的な考え方

◉表面温度と体感温度

　高気密・高断熱住宅が目標とする快適な生活とは、具体的にどういう状態をいうのでしょうか？　ポイントは「室内の表面温度」です。省エネ基準で数値として評価されることはありませんが、室内の表面温度を快適な範囲に留めることが、高気密・高断熱の目標です。

　この表面温度の違いによって、仮に室温が同じであっても、そこにいる人の「体感温度」が変わるのです。同じ室温でも、側に熱い物体があれば室温以上に暑く感じるし、側に冷たい物体があれば室温以下に寒く感じるということが起こります。図1は室温と体感温度との関係を表現したものです。室温は同じ20℃ですが、体感温度は4℃も違ってしまうのです。

　図2は、冷たい窓が人にどんな影響を与えるかを表現したものです。ガラスの表面温度は室内で一番低いので、結露が起こり、窓の側ではひんやりとした冷たさ（冷放射）と、足元にスーッと冷たい気流（コールドドラフト）を感じます。それを防ごうと厚手のカーテンや断熱ブラインドをつけると、今度は結露を助長してしまいます。窓を後から断熱補強をするのは実は難しいのです。

◉熱はどこから入り、逃げるのか

　図3は、2025年4月の改正省エネ法で義務化される断熱基準レベルの家で、どこからどのくらい熱が出入りしているのかを示しています。断熱性能は、壁を頑張る方法と窓を頑張る方法がありますが、私は窓を頑張る方法をお勧めしています。それは、体感温度に代表されるように、省エネ基準で用いる数値では評価されない快適性があると考えているからです。この選択手法は、数値をできるだけ良くするという数値競争からは一歩引いた考え方です。なぜなら同じコストで考えると、面積の大きい壁で頑張る方が数値を良くできる可能性は高いからです。生活の快適性からものを選び、その結果として数値が決まることがあっても良いのではないかという考え方が、私とこの本のスタンスになります。

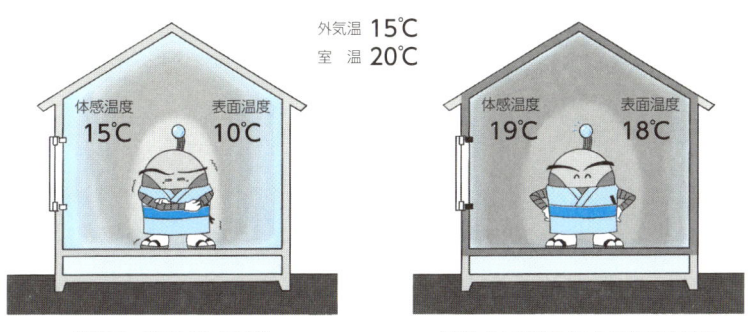

外気温 15℃
室 温 20℃

体感温度 15℃　表面温度 10℃

体感温度 19℃　表面温度 18℃

等級2：昭和55年基準

等級4：2025年4月義務化基準

図1　室温と体感温度の違い

（出典：『住宅の省エネルギー設計と施工2023』国土交通省より作成）

冷放射と
コールドドラフト

結露

体感温度は
（表面温度＋室温）÷2
で決まるでござる

図2　窓が生活に与える影響

（出典：『住宅の省エネルギー設計と施工2023』国土交通省より作成）

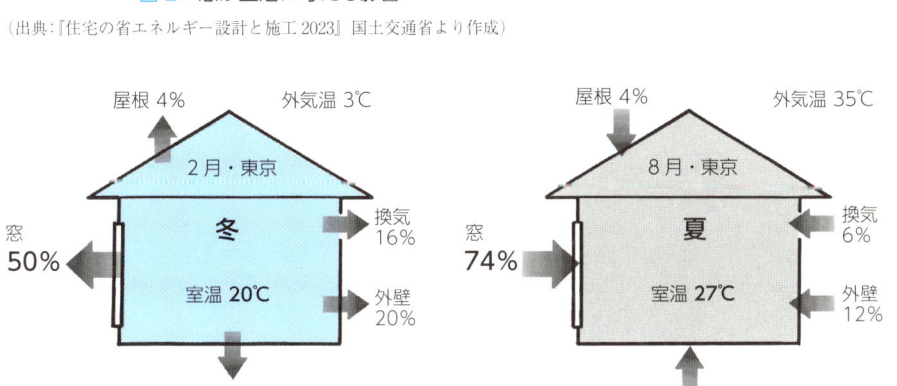

屋根 4%　　外気温 3℃

2月・東京

窓
50%

冬

室温 20℃

換気
16%

外壁
20%

床 10%

屋根 4%　　　外気温 35℃

8月・東京

窓
74%

夏

室温 27℃

換気
6%

外壁
12%

床 4%

図3　家のどこからどのくらいの割合で熱が出入りするのか

（出典：YKKAP の HP「快適な家づくりにはガラスの断熱化が大切」より作成）

01 守るべき基準は「外皮性能」と 「一次エネルギー消費性能」

◉建築物省エネ法が改正され「省エネ基準への適合が義務化」される

2025 年 4 月以降に着工する新築住宅は、建築物省エネ法が改正されたことに伴い「省エネ基準への適合が義務化」されます。住宅の省エネ性能は、建築基準法と同じように、「守って当然のもの」になり、建築確認申請手続きの中で、建築基準法といっしょに審査されます。

これまで「温熱性能」については、長期優良住宅やフラット 35 などの融資や補助金の関係で、一定のレベルを求められるだけでした。2025 年 4 月の改正で、一定のレベルの温熱性能が全ての新築住宅で義務化されます。中大規模建築物ではすでに義務化されていましたが（表 1）、その流れが住宅にもやってきました。新築住宅だけが国から狙い撃ちされている！というわけではありません。ちなみに、省エネ基準に適合しない場合は、確認済証は発行されず、着工できません。

◉省エネ基準＝「断熱性能＋遮熱性能」＋「設備機器の省エネ性能」

改正される建築物省エネ法（以下、改正省エネ法）で義務化される住宅の「省エネ基準」では、次の 2 つの基準を同時に満たす必要があります。それが「外皮性能」と「一次エネルギー消費性能」です。

ざっくりと言えば、外皮性能は「断熱性能＋遮熱性能」で、一次エネルギー消費性能は「設備機器の省エネ性能」のことです。そもそものスタートが、2050 年カーボンニュートラルの実現や、2030 年度温室効果ガス 46％削減（2013 年度比）の実現に向けて、エネルギー消費量を削減するための法改正です。建物の断熱性能をどれだけ高めたとしても、設備機器の方でエネルギーを垂れ流すようでは本末転倒、片手落ちでは意味がないということで、設備機器の省エネ性能の基準も同時に定められました。これからの省エネ住宅とは、高気密・高断熱に作られるだけではなく、エネルギー消費量を低く抑えられる高効率な省エネ設備を備えた住宅のことを言うようになります。

表1　全ての新築住宅に省エネ基準への適合を義務付け

〈現行〉

	非住宅	住宅
大規模 (2000㎡以上)	適合義務 (2017.4 〜)	届出義務
中規模	適合義務 (2021.4 〜)	届出義務
小規模 (300㎡未満)	説明義務	説明義務

〈改正〉

	非住宅	住宅
大規模 (2000㎡以上)	適合義務 (2017.4 〜)	適合義務
中規模	適合義務 (2021.4 〜)	適合義務
小規模 (300㎡未満)	適合義務	適合義務

（出典：国土交通省『省エネ技術解説テキスト』より作成）

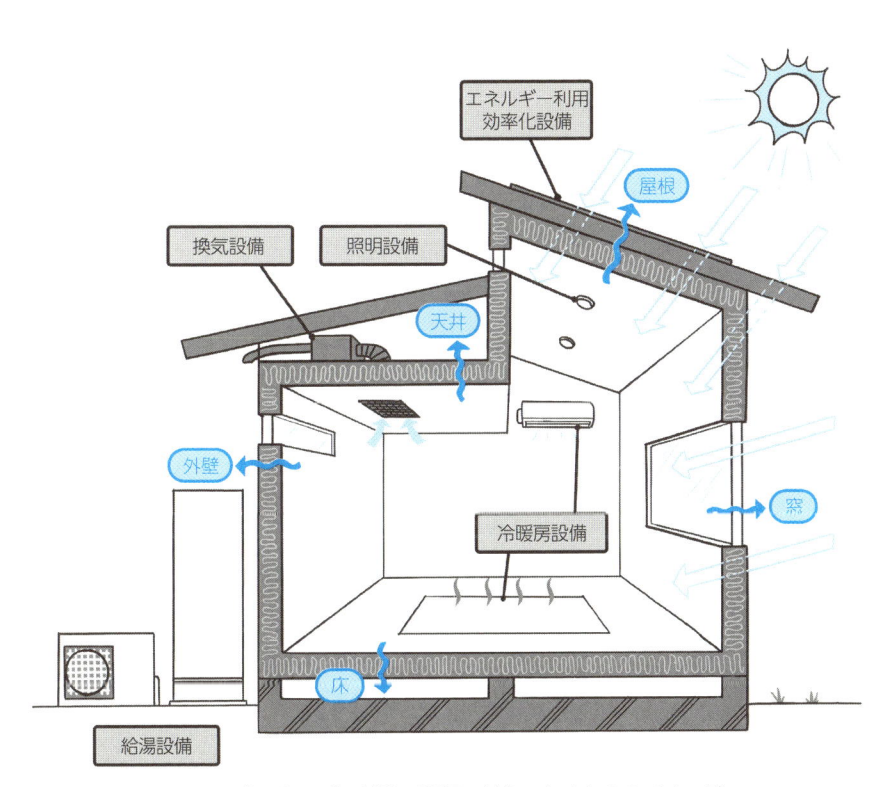

図1　省エネルギー基準で評価の対象になるもののイメージ

（出典：国土交通省『省エネ技術解説テキスト』より作成）

02　4号特例が見直され、構造と省エネ性能の書類が必要に

◉「4号特例の見直し」への対応も必要　書類も図面も手間も増加

　2025年4月には、改正省エネ法と同時に建築基準法が改正され「4号特例の見直し」が行われます。改正省エネ法の概要については、01項を参照して頂くとして、こちらも避けて通ることができない4号特例の見直しについても触れておきたいと思います。日頃から住宅にかかわる仕事をしていますが、4号特例の見直しという表現ではよくわからないというのが正直なところ。「確認申請に提出する書類と図面と手間と審査時間が増える」と言った方がしっくりきます。これまで提出していた確認申請図書に加えて、壁量計算などの構造関係の書類と、省エネ関係の書類が必要になります（図1）。イメージとしては、これからの確認申請にかかる手間は、今までいうところの3階建て住宅の確認申請と同じくらい構造関係が大変になり、そこに改正省エネ法による省エネ性能の書類が必要になります。現状と比べて書類も図面も手間もかなり増加します。

　これまで4号と言われていたものは新3号と新2号に振り分けられ、4号はなくなります。新3号は、木造平屋建てで延べ面積200㎡以下のもののみが対象です。それ以外は新2号となり、木造2階建て、もしくは木造平屋建てで延べ面積200㎡超えるものが対象です。これまでとは異なり、全ての地域で建築確認（大規模な修繕・模様替を含む）が必要になります。

◉ 4号特例の見直しは、リフォームやリノベーションへも影響あり

　4号特例の見直しによって影響が出るのは、新築だけではありません。これからは、大規模の修繕・模様替にあたるリフォームやリノベーションの時にも建築確認申請が必要になります。屋根及び外壁の改修に関しては、国土交通省から「屋根及び外壁の改修に関する建築基準法上の取扱いについて」という通知が出されています。今後も技術的助言として続報が出るようです。大規模の修繕・模様替については、省エネ基準への適合義務はありません。増改築を行う場合は、増改築を行った部分のみ省エネ基準への適合が求められます。（2024年7月現在）

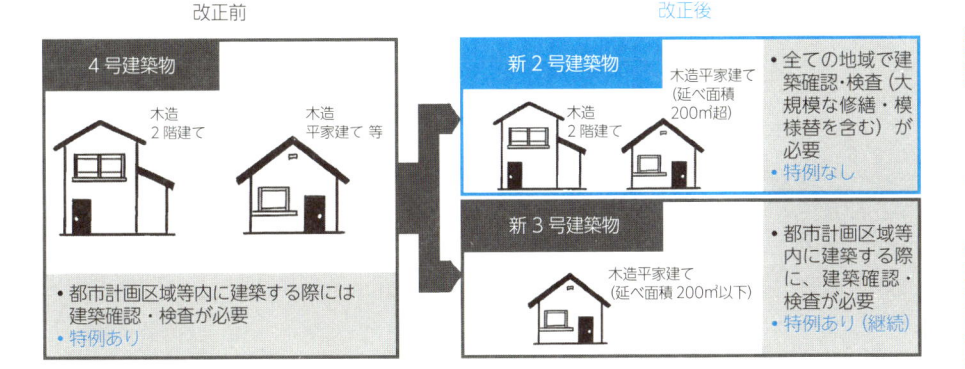

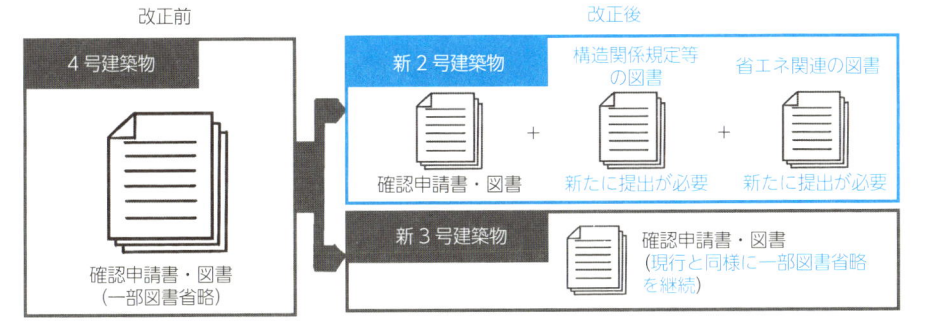

図1　4号特例の見直しの概要

（出典：国土交通省『4号特例見直しチラシ』より作成）

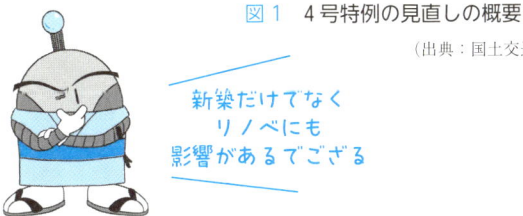

新築だけでなく
リノベにも
影響があるでござる

● 確認申請図書の作成例について

国土交通省の「建築物省エネ法のページ」内で公開されている『申請・審査マニュアル』で確認できます。

https://www.mlit.go.jp/jutakukentiku/house/04.html

● 4号特例とは

旧4号建築物については、都市計画区域等の区域内で建築確認の対象となる場合でも建築士が設計を行った場合には、建築確認の際に構造耐力関係規定等の審査を省略することとなっています。また、旧4号建築物について建築士である工事監理者が設計図書のとおりに施工されたことを確認した場合には同様の規定に関し検査を省略することとなっています。　　　　　　　　　　　　　　（国土交通省『申請・審査マニュアル』より）

03 断熱工事で重量が増え、壁量等も見直しに

●壁量と柱の小径の基準が見直されます

　2025年4月には、構造関係の基準の見直しも行われます（表1）。住宅の高断熱化や省エネ化を進めるために、これまで以上の断熱材や高断熱サッシや太陽光発電パネルなどが採用されます。それによって、どうしても建物が重くなります。重くなるということは、地震力も大きくなります。地震力が大きくなるということは、必要とされる壁量も増えます。それに対応するために壁量の見直しを行うというわけです（表2）。また、同時に柱の小径の基準も見直されます（表3）。これも建物が重くなる影響で、柱1本当たりに掛かる荷重が増えることに対応するためです。つまり、これまでの「軽い屋根」「重い屋根」の区分は廃止され、実態に応じて必要壁量と柱の小径を算定することになります。　柱の小径について、特に105mm角の柱をお使いの方は注意してください。条件によっては120角が必要になります（表3）。　その一方で、許容応力度計算による場合は、必要壁量と柱の小径の確認が不要になります。国としてはいずれ全ての住宅を許容応力度計算する方向へもって行く思案があるようです。日頃から許容応力度計算を行っている方には大きな影響はありません。(2024年7月現在)

●「早見表」と「表計算ツール」と「準耐力壁の算入」

　必要壁量と柱の小径の確認については、「早見表」と「表計算ツール」によるものと2通りあります。住宅の仕様に応じてあらかじめ計算された結果を一覧表にしてあるものが「早見表」で、簡単に必要壁量と柱の小径の確認ができます。表計算プログラム上で住宅の荷重の実態に応じて、算定式により必要壁量と柱の小径を求めるものが「表計算ツール」で、早見表よりも精密な算定になります。また、必要壁量に対する存在壁量を求める時に、これまではできなかった「準耐力壁の算入」が行えます。準耐力壁とは、耐力壁としての仕様は満たしていないけど、一定の耐力がある壁のことです。簡単に言ってしまえば、開口部まわりの垂れ壁や腰壁のことです。

表1　構造関係の見直し

項目	対応方法	概要
壁量の見直し	早見表	一覧表の中から選択
	表計算ツール	表計算ソフトによる自動計算
	許容応力度計算	確認を省略可能（適用されない）
柱の小径の見直し	早見表	一覧表の中から選択
	表計算ツール	表計算ソフトによる自動計算
	許容応力度計算	確認を省略可能（適用されない）
壁倍率の見直し	準耐力壁の算入	腰壁、垂れ壁等を考慮可能
	高倍率の耐力壁を使用可能	壁倍率5倍を超えて使用可

（出典：国土交通省『建築基準法・建築物省エネ法改正法制度説明資料』より作成）

表2　新しい壁量等の基準（案）に対応した早見表（案）から抜粋　壁量について

| 屋根と外壁の仕様 | | 太陽光発電 | 平屋 | 2階建て | |
屋根	外壁			1階	2階
瓦（ふき土無）	サイディング	なし	20	43	25
		あり	23	46	28
スレート	サイディング	なし	17	40	22
		あり	20	43	25
金属板	サイディング	なし	14	37	18
		あり	16	39	21
現行基準		重い屋根	15	33	21
		軽い屋根	11	29	15

2階階高：2.8m以下　1階階高：2.9m以下　総2階　柱の仕様：スギ無等級材

表3　新しい壁量等の基準（案）に対応した早見表（案）から抜粋　柱の必要小径について

| 屋根と外壁の仕様 | | 太陽光発電 | 平屋 | | 2階建て | | | |
| 屋根 | 外壁 | | 細長比 | mm以上 | 1階 | | 2階 | |
					細長比	mm以上	細長比	mm以上
瓦（ふき土無）	モルタル等	なし	1/30	90	1/26	105	1/29	90
		あり	1/30	90	1/23	120	1/29	90
瓦（ふき土無）	サイディング	なし	1/30	90	1/26	105	1/29	90
		あり	1/30	90	1/26	105	1/29	90
スレート	サイディング	なし	1/30	90	1/26	105	1/29	90
		あり	1/30	90	1/26	105	1/29	90
金属板	サイディング	なし	1/30	90	1/26	105	1/29	90
		あり	1/30	90	1/26	105	1/29	90
現行基準		重い屋根	1/30	—	1/28	—	1/30	—
		軽い屋根	1/33	—	1/30	—	1/33	—

2階階高：2.8m以下　1階階高：2.9m以下　総2階　柱の仕様：スギ無等級材

● 「壁量と柱の小径の見直しに関する設計支援ツール」日本住宅・木材技術センター
https://www.howtec.or.jp/publics/index/411/

04 気候条件によって、8つの地域区分に分ける

◉地域区分とは

　省エネ基準では、日本全国を市町村単位で8つの地域に分けて、それぞれに基準値を設定しています。これは、日本列島が南北に長いため、それぞれの地域ごとに気候条件が大きく違うだけでなく、そこで使用される設備機器等にも特徴や違いがあるためです。改正省エネ法では、建物の断熱性能だけでなく、冷暖房や給湯について一次エネルギー消費性能の計算を行いますが、「地域区分」を設定することで、省エネルギー性能を適切に比較・評価できるようにしています。端的に言えば、北海道と沖縄が同じ基準じゃダメでしょ、というわけです。

　北海道などの寒い地域から、暖かい沖縄に向かって、市町村毎に1から8まで数字が順番に割り振られています（図1）。数字が大きい方が暖かい地域ということになります。旧地域区分は、6つの地域に分けられていましたが、令和3年4月1日以降は、8つに区分された新しい地域区分を使用することになっています。

　なお、各地域区分は、「住宅に関する省エネルギー基準に準拠したプログラム」のHP内の「地域区分・年間の日射地域区分・暖房期の日射地域区分検索ツール」で検索できます（https://house.lowenergy.jp/program）。

◉年間の日射地域区分とは　地域区分との違いに注意

　「年間の日射地域区分」とは、日本全国を日射が多いか少ないかについて、A1からA5までの5地域に分類した地域区分のことです（図2）。A1からA5になるに従い、日射量が多くなります。太陽熱温水器の集熱量や太陽光発電の発電量の計算に使用されます。上段で触れた8つの地域区分とは別のものなので注意が必要です。太陽光発電を評価するときに、うっかり地域区分を使ってしまうのが、申請時によくある間違いです。ちなみにA1区分は、北海道豊富町や青森県十和田市などわずかしかありません。

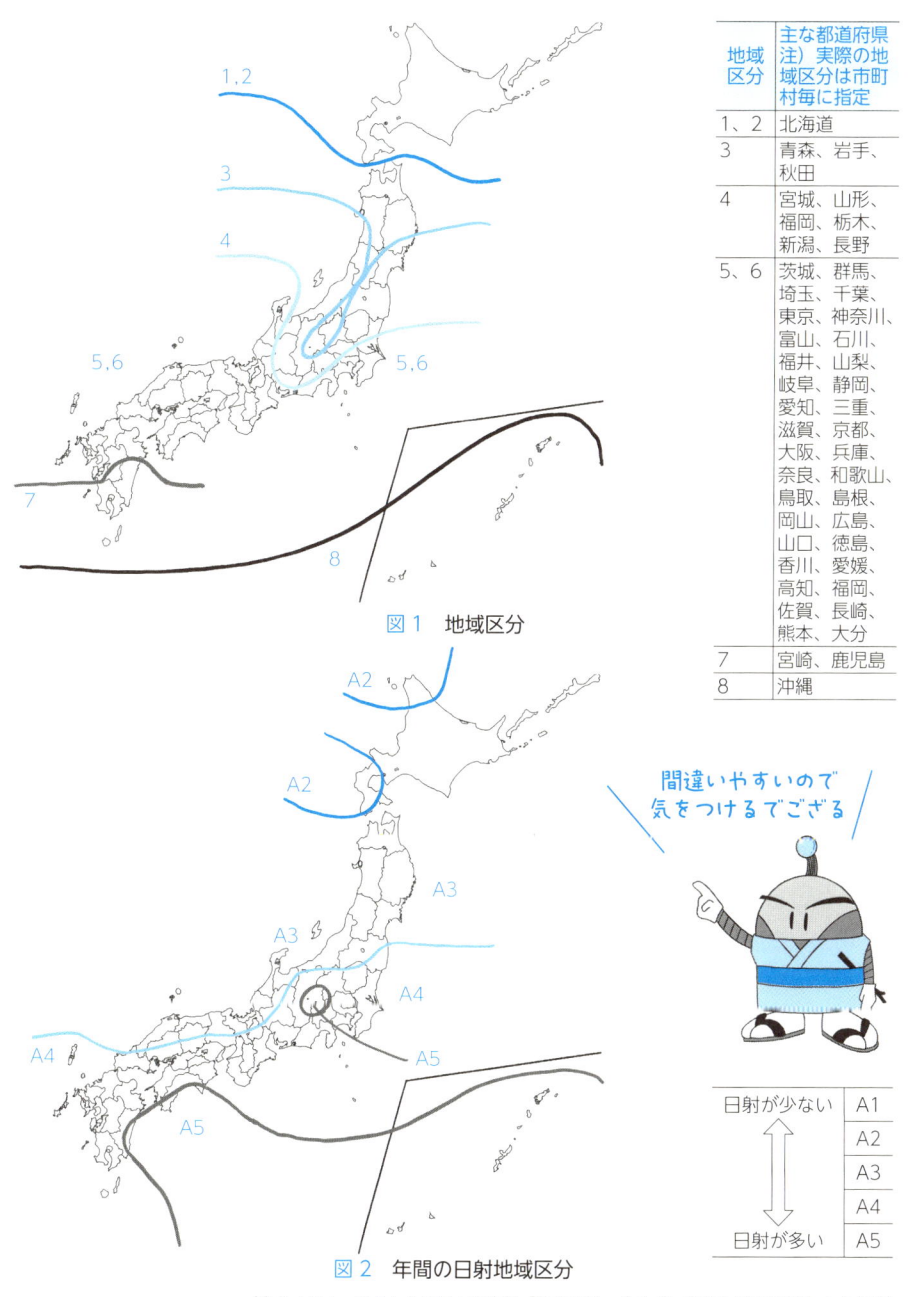

地域区分	主な都道府県 注）実際の地域区分は市町村毎に指定
1、2	北海道
3	青森、岩手、秋田
4	宮城、山形、福岡、栃木、新潟、長野
5、6	茨城、群馬、埼玉、千葉、東京、神奈川、富山、石川、福井、山梨、岐阜、静岡、愛知、三重、滋賀、京都、大阪、兵庫、奈良、和歌山、鳥取、島根、岡山、広島、山口、徳島、香川、愛媛、高知、福岡、佐賀、長崎、熊本、大分
7	宮崎、鹿児島
8	沖縄

図 1　地域区分

間違いやすいので
気をつけるでござる

日射が少ない	A1
↕	A2
	A3
	A4
日射が多い	A5

図 2　年間の日射地域区分

（出典：図1、図2ともに国土交通省『住宅の省エネルギー設計と施工 2023』より作成）

05 断熱性能に重要な数値である、U_A 値と ηAC 値

● U_A 値について（断熱性能）

　2025 年 4 月の改正省エネ法では、外皮性能は 2 つの数値を使って表します。「U_A 値」と「ηAC 値」です。「U_A（ユーエー）値」は、一般的に断熱性能と言われているものと同じです。U_A 値は、「外皮平均熱貫流率」と言われ、建物の内部から外部へ逃げる熱の量を表す数値です（図 1）。数値が小さい方が、逃げる熱の量が少ないことを意味します。つまり、数字が小さい方が、断熱性能は高いということになります。断熱性能を表す数値として、「U_A 値（外皮平均熱貫流率）」の他に「Q 値（熱損失係数）」がありますが（図 1）、 2025 年 4 月の改正省エネ法で使うのは「U_A 値」の方です。

● U_A 値と Q 値について

　U_A 値と Q 値との一番の違いは、U_A 値では換気で逃げる熱を無視することです。そのため、U_A 値では換気によって逃げる熱（熱損失）は考慮されません。その一方で、Q 値では換気で逃げる熱も考慮します。Q 値は建物からの熱損失を床面積で割るため、U_A 値と比べると建物の形状によって数値にばらつきが出やすいという欠点があります。それぞれに特徴や得手不得手があるわけですが、外皮性能の指標については、平成 25 年の改正において、Q 値から U_A 値に変更されました。Q 値から U_A 値への換算式があるので、図 1 で紹介します。異なる数値を換算するだけなので、当然誤差があり、あくまで目安です。

● ηAC 値について（遮熱性能）

　「ηAC（イータエーシー）値」とは、「冷房期の平均日射熱取得率」と言われ、建物の外部から内部へ入ってくる日射熱の量をあらわす数値です。数値が小さい方が、入ってくる日射熱の量が少ないことを意味します。日射熱といいますが、窓から直接入ってくる日射熱だけではなく、日射によって温められた窓以外の部分（壁など）から伝わってくる熱（熱伝導）も考慮します。

● U_A 値

$$U_A 値＝総熱損失量÷外皮面積$$

外皮平均熱貫流率
熱の逃げにくさの指標
数値が小さいほど断熱性能が高い

注）換気による熱損失は含まず

● Q 値と U_A 値の換算式

$$Q 値＝2.67 × U_A 値＋0.39$$

● ηAC 値

$$ηAC 値＝総日射熱取得量÷外皮面積$$

冷房期の平均日射熱取得率
日射熱の入りやすさの指標
数値が小さいほど遮熱性能が高い

図1　U_A 値と η AC 値の計算式と、Q 値と U_A 値の換算式

（出典：『よこはま健康・省エネ住宅技術講習会テキスト』より）

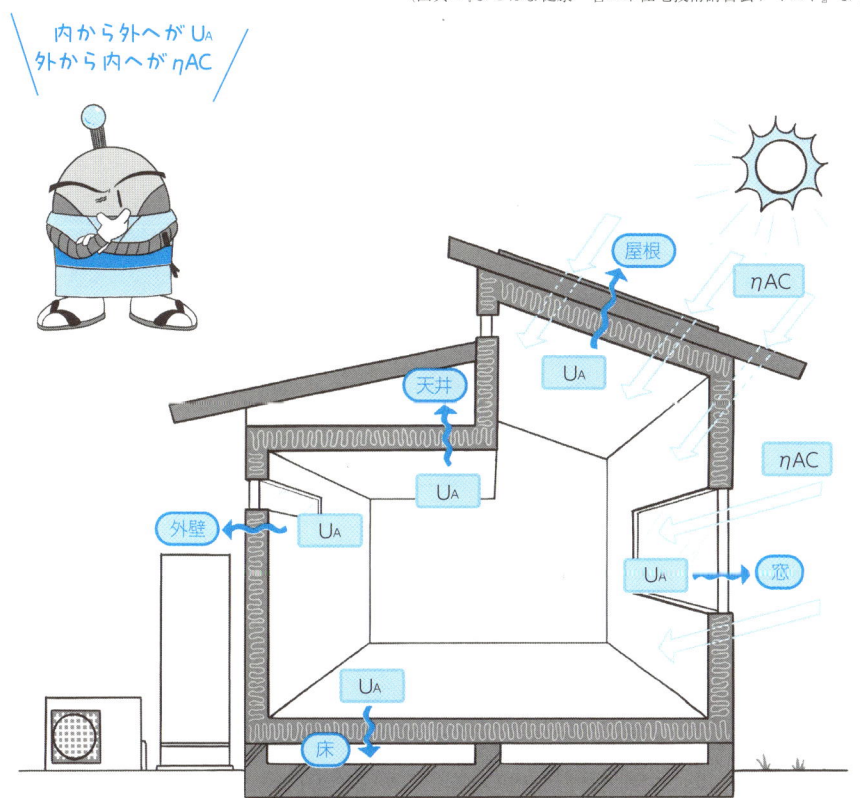

図2　住宅の部分と U_A 値、ηAC 値の関係性

（出典：国土交通省『省エネ技術解説テキスト』より作成）

06 一次エネルギー消費性能は、建物の設備が使うエネルギー量

◉外皮について

「外皮」とは、建物の屋根、天井、外壁、開口部（窓やドア）、床（基礎）など、建物の室内と室外とを分ける部分のことで、暑さ寒さを防ぐために断熱された熱的境界を指します。屋根断熱の場合には屋根が、天井断熱の場合には天井が外皮になります。また、床断熱の場合には床が外皮になりますが、基礎断熱の場合には基礎が外皮になります。単純に言えば、断熱材を入れた部分のことです（05項図2）。

◉一次エネルギー消費量について

一次エネルギー消費量は、暖房、冷房、換気、照明、給湯、家電等のエネルギー消費量を合計したものです（図2）。数値が小さいほど省エネになります。一次エネルギーという言葉ですが、普段は聞かない言葉だと思います。一次エネルギーとは、天然ガスや石油、石炭などの化石燃料や、原子力、水力などの自然から取られたままの形で、変換加工されることなく利用されるエネルギーのことをいいます（図1）。対して、二次エネルギーは、都市ガスや電気、ガソリンなど、一次エネルギーを変換・加工してから利用されるエネルギーのことをいいます。建物で消費されているエネルギーは二次エネルギーといいます（図1）。ガスや電気などはそのままでは合算したり比較したりできないため、一次エネルギー消費量に換算することで、合算・比較・評価できるようにしているわけです。

一次エネルギー消費性能の計算に影響を与える設備機器は、建物に「くっついているもの」になります。電子レンジや冷蔵庫や掃除機など、建物にくっついておらず、住まい手が持ち込む家電等は、省エネ性能や数の多い少ないに関わらず、計算結果に影響を与えません。計算の時には、床面積に応じて自動的に決められる基準値を使うことになります。また、太陽光発電やコージェネレーションによる発電量は、エネルギー削減が効果あるとして、合計値から差し引くことができます（図2）。一次エネルギー消費性能の計算については、40項以降に詳しく説明しています。

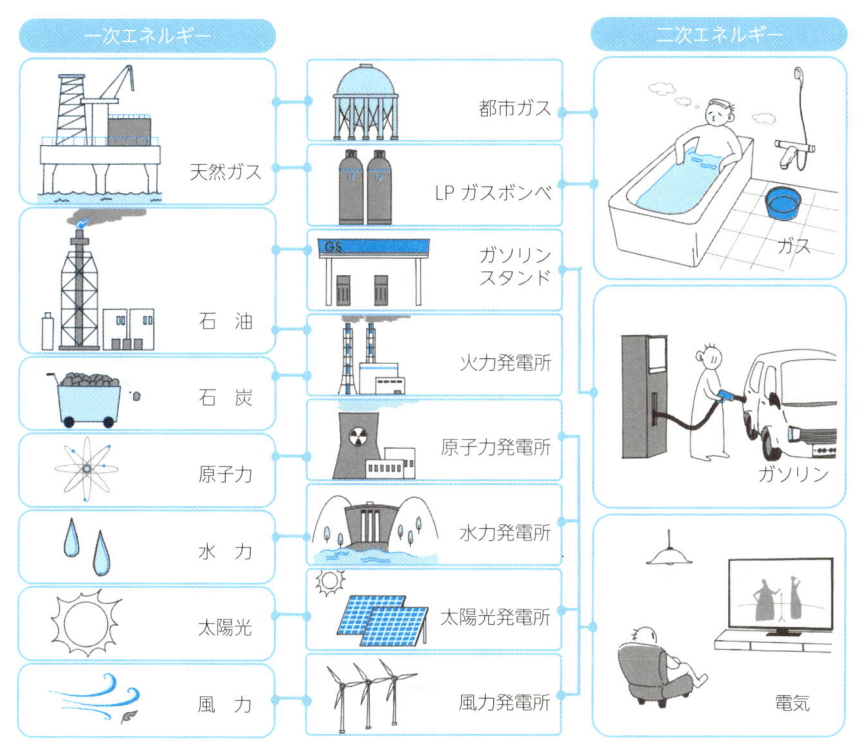

図1 一次エネルギーと二次エネルギー

（出典：東京ガスHP「生活に必要なエネルギー」より作成）

住まい手が持ち込む家電等は
あらかじめ決められた
基準値を用いるので、
計算結果には影響を与えない

　＋ 冷暖房設備一次エネルギー消費量
　＋ 換気設備一次エネルギー消費量
　＋ 照明設備一次エネルギー消費量
　＋ 給湯設備一次エネルギー消費量
　＋ その他（家電等）一次エネルギー消費量
　－ エネルギー利用効率化設備による
　　 一次エネルギー消費量の削減量

　＝ 一次エネルギー消費量

図2 一次エネルギー消費量

07 建築基準法改正の5年後、「2030年基準」が重要

◉義務化される基準値は？

改正省エネ法で義務化される基準値は、断熱性能を表す「外皮平均熱貫流率U_A値」、遮熱性能を表す「冷房期の平均日射熱取得率ηAC値」、設備の省エネ性を表す「一次エネルギー消費性能BEI値」に設定され、この3つ全てが基準値以下になることが必要です。

外皮性能は、全国を市町村単位で8つの地域に分けた「地域区分（04項参照）」に応じて決められています（表1）。地域ごとに違うというのがポイントです。地域区分は、数字が小さいほど寒い地域を表し、外皮平均熱貫流率U_A値（05項参照）は数値が小さいほど高性能を表すので、寒い地域ほど高い断熱性能が求められているのがわかります。また、冷房期の平均日射熱取得率ηAC値（05項参照）は、数値が小さいほど日射が入りにくいことを表すので、暖かい地域ほど高い遮熱性能が求められているのがわかります。8地域（沖縄など）の数値に関しては、気象条件や建物仕様などが考慮され、他の地域とは違った考え方で評価されています。

設備の省エネ性を示す一次エネルギー消費性能BEI値（41項参照）は、「1.0以下」を求められます（表2）。新築される住宅の設計時の一次エネルギー消費量が、基準として設定された基準一次エネルギー消費量を下回ること意味しています。

◉でも本当に大事なのは「2030年基準」

2025年4月の改正省エネ法と合わせて、2030年基準も知っておく必要があります（図1）。なぜなら、すでに国は「2030年までに義務基準をさらに引き上げる」ことを予定しているからです。右ページに2030年基準を併記しました。数値でいうと、2025年4月の改正省エネ法では「誘導基準」と表現されており、「長期優良住宅」や「ZEH水準」の省エネ性能になります。これは、2025年4月基準で家を建てたとしても、5年程度で既存不適格建築物になってしまうことを意味します。今後は家を売買したり賃貸したりする時には、省エネ性能を省エネラベルなどで表記することが一般的になってきます。何かの理由で家の売却や賃貸に出す必要に迫

られた場合に、経済的な不利益を建主さんが被るかもしれません。建物の省エネ性能について、建築士から建主さんへの説明制度が義務化されています。このことはその時にあわせて説明しておくべき内容でもあります。

表1 外皮平均熱貫流率 U_A 値の基準値

	地域区分	1	2	3	4	5	6	7	8
2025 年基準（義務基準）	U_A 値	0.46	0.46	0.56	0.75	0.87			—
2030 年基準（誘導基準）	U_A 値	0.40	0.40	0.50	0.60				—
2025/2030 年基準	ηAC 値	—	—	—	—	3.0	2.8	2.7	6.7

すでに 2030 年基準まで公開されている。

表2 一次エネルギー消費性能 BEI 値の基準値

	2025 年基準＝義務基準	2030 年基準＝誘導基準
一次エネルギー消費性能（BEI 値）	1.0	0.8

2030 年基準は 2025 年基準から 2 割削減

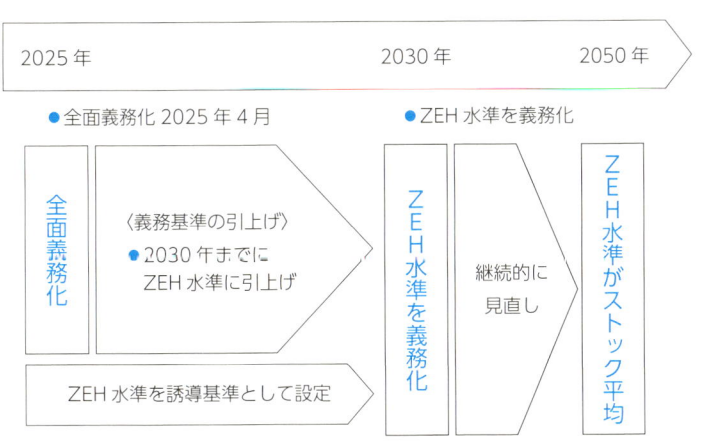

2030 年に義務基準の引き上げ
2050 年ストック平均で ZEH 水準の省エネ性能の確保を目指す

図1 省エネに関わるロードマップ

（出典：国土交通省『省エネ技術解説テキスト』より作成）

08 省エネ基準達成の 2 つの方法 「仕様基準」と「性能基準」

●省エネ基準の達成の仕方は 2 つ 「仕様基準」と「性能基準」

外皮性能にも一次エネルギー消費性能にも、基準をクリアする方法が 2 つあります（表 1）。それが「仕様基準」と「性能基準」です。「仕様基準」は、断熱材と開口部と設備機器の仕様をチェックすることで省エネ基準を達成することができるものです（図 2）。2025 年義務基準だけではなく、2030 年誘導基準への適合も達成できます。

「性能基準」は、エクセルシートや市販の計算ソフト、Web プログラムなどを使って、外皮平均熱貫流率 U_A 値や、冷房期の平均日射熱取得率 ηAC 値、設備の省エネ性を表す一次エネルギー消費性能などを計算して求める方法です。当然、作業量が多くなりますが、正確な数値を求めることが可能です。基本的に、計算を行う性能基準を採用する方が、良い数値がでます。また、採用する設備によっては、性能基準でしか評価できないこともあります。省エネ計算の中では、この性能基準の方を「標準計算ルート（外皮面積を用いて評価する方法）」と表現します。

●仕様基準のメリット・デメリット

仕様基準を採用するメリットは何でしょうか。まずは省エネ基準（義務基準・誘導基準）への適合を簡単に確認できる点です。実際には計算をするけど（性能基準でやるけど）、設計に入る前に当たりをつけておきたい場合にも便利です。次に、長期優良住宅の認定や住宅ローン減税などの申請にも使うことができます。それから、建築確認申請の手間も減ります。仕様規定を使った場合は「省エネ適合性判定」が不要になるので、申請費用や時間の面でも有利です。

最大のデメリットは、せっかく性能

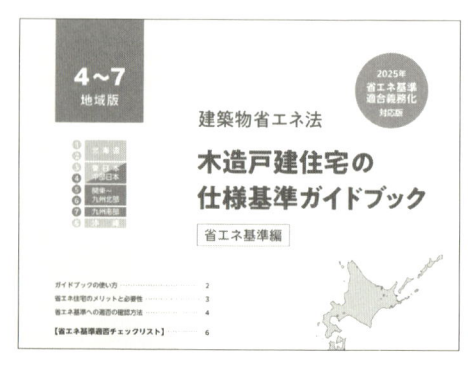

図 1　仕様基準ガイドブック（出典：国土交通省 HP）

があるのに、それを評価できないことです。断熱にしろ設備機器にしろ同じものを使っているのに、片方がもう片方よりも良い数値になってしまいます。性能を気にされる建主さんが増えている中で、これは大きなマイナスです。資産価値としてもマイナス評価です。また、少し違った視点から見ると、誰もが潤沢な予算を持っているわけではありません。ローコストを目指して基準ギリギリを目指す時にも向いていません。その場合には、性能基準が適しています。

表1　性能基準と仕様基準の関係性

		外皮性能	一次エネルギー消費性能
		計算による	計算による（Web プログラム）
性能基準		床面積（主たる居室、その他の居室）	暖房、冷房、換気、熱交換、給湯、照明、太陽光、太陽熱、コージェネレーション
		断熱材の熱抵抗値（R 値）	
		開口部（窓、ドア）の熱貫流率（U 値）	
		外皮平均熱貫流率（U_A 値）	
		冷房期の平均日射熱取得率（ηAC 値）	
		暖房期の平均日射熱取得率（ηAC 値）	
仕様基準		仕様を確認	仕様を確認（計算しない）
		断熱材の熱抵抗値（R 値）	暖房、冷房、換気、熱交換、給湯、照明
		開口部（窓、ドア）の熱貫流率（U 値）	
		※計算せずに済む仕様例あり	

1 断熱材の熱抵抗R
→ P.8〜13

◎断熱する部位と採用する断熱工法
◎断熱する部位とその部位の断熱工のうえ、基準適否を確認してくだ
◎1つの部位に複数の断熱工法を挿
◎1つの部位に複数の仕様がある場について記入してください。
◎該当する部位がない場合は、「該

部 位	断熱工法の基準値	断熱材の製
屋根	☐ 軸組充填：R≧4.6 ☐ 枠組充填：R≧4.6 ☐ 外　張：R≧4.0	製品名（又は断熱材の種類）
天井	☐ 軸組充填：R≧4.0 ☐ 枠組充填：R≧4.0 ☐ 外　張：R≧4.0	製品名（又は断熱材の種類）
壁	☐ 軸組充填：R≧2.2 ☐ 枠組充填：R≧2.3 ☐ 外　張：R≧1.7	製品名（又は断熱材の種類）

2 開口部(窓、ドア)の熱貫流率U と日射遮蔽対策
→ P.14〜15

◎地域の区分によっ
◎「製品名」及び「窓
◎複数の仕様があ
日射遮蔽対策につ
◎5〜7地域におい

部位	基準値		製品名
	熱貫流率	日射遮蔽対策	
窓	**4** 地域 U≦3.5		製品名（又は建具とガラスの種類）
	5〜7地域 U≦4.7	有効なひさし、軒等が **ある**所に設置する窓	製品名（又は建具とガラスの種類）
		有効なひさし、軒等が **ない**所に設置する窓 "η≧0.59	製品名（又は建具とガラスの種類）
ドア	**4** 地域 U≦3.5 **5〜7地域** U≦4.7		製品名（又は枠と戸の種類）

図2　仕様基準の内部は選択制

09 省エネ基準にはどんなグレードがあるのか

◉複数ある断熱性能の基準の関係性

　断熱性能を表す基準は複数あります。それぞれの関係をわかりやすくするため、一覧表を作ってみました（表1）。義務基準から性能アップさせるために必要なコストの目安や、各等級に相当する Q 値の参考値も入れてみました。

　すべての基本とも言えるものが断熱等性能等級です（表3）。国土交通省の管轄で、「住宅の品質確保の促進等に関する法律（品確法）」によって決められています。2022 年に等級5、6、7 と追加され、現在は7 等級あります。長期優良住宅や認定低炭素住宅、住宅ローン減税などでこの基準が使われているため、一番お馴染みの基準ではないでしょうか。以前は等級4 が高気密・高断熱住宅の基準でした。今回の改正省エネ法で、その等級4 が義務基準となります。

　ZEH（ゼッチ）は経済産業省が主導している基準です。「Net Zero Energy House（ネット・ゼロ・エネルギー・ハウス）」の頭文字を取って ZEH です。経済産業省だからか経済性を前面に押し出しているのが特徴で、太陽光発電などの創エネ設備を認定の対象にしています。断熱性能を向上させることで消費されるエネルギー消費量を低く抑えるだけではなく、太陽光発電などの再生可能エネルギーで創エネすることで、年間の一次エネルギー消費量の収支をゼロにすることを目指します。

　HEAT20 は「一般社団法人 20 年先を見据えた日本の高断熱住宅研究会」が主導しています。研究会の英語名「Society of Hyper-Enhanced insulation and Advanced Technology houses for the next 20 years」の頭文字をとって HEAT20 です。特定の制度や工法、設備や材料に縛られることのない第三者的な立場を取るだけではなく、実際の生活環境である「室温」に着目して水準を設定しているところが特徴です。表内の「暖房期最低室温」と G1、G2、G3 の水準がリンクしていることがわかると思います。

◉一次エネルギー消費性能の基準もチェック

　一次エネルギー消費性能（BEI）にも等級があります（表2）。今回の改正省エネ

法では断熱性能だけではなく、設備側の省エネ性能にも義務基準ができます。BEI = 0.8 は基準値に対して設計した建物での一次エネルギー消費量が 20% 削減されることを表します。各種認定の例として東京ゼロエミを載せましたが、かなり高いレベルが要求されています。正直なところ、BEI 値 0.7（30% 削減）は大変で、行き当たりばったりでなんとかなる数値ではありません。どうしても UA 値にばかり目が行きがちですが、補助金を受けようと思う時は必ず BEI の基準もチェックしましょう。

表1　断熱基準の関係性（5 〜 7 地域）

省エネ基準	UA 値	断熱等性能等級	各種認定	HEAT20	暖房期最低室温	コスト（万円）	参考Q 値
—	0.26	等級 7		G3	15 度	+400	1
—	0.46	等級 6		G2	13 度	+200	1.6
2030 年義務化基準 仕様基準 _ 誘導基準	0.60	等級 5	長期優良住宅 認定低炭素 ZEH 基準	G1	10 度	+100	1.9
2025 年義務化基準 仕様基準 _ 省エネ基準 「以前は高気密高断熱と言われていた基準」	0.87	等級 4	H28 年基準		8 度	± 0	2.7

（出典：暖房期最低室温：『HEAT20 設計ガイドブック 2021』より）

表2　一次エネルギー消費性能（BEI）の基準

省エネ基準	BEI	一次エネルギー消費量等級	各種認定住宅
—	0.55	—	東京ゼロエミ 水準 A
—	0.6	—	東京ゼロエミ 水準 B
—	0.7	—	東京ゼロエミ 水準 C
2030 年義務化基準 仕様基準 _ 誘導基準	0.8	等級 6	長期優良住宅 認定低炭素 ZEH 基準
	0.9	等級 5	—
2025 年義務化基準 仕様基準 _ 省エネ基準	1.0	等級 4	—

※東京ゼロエミ R6.10 月施行予定のもの　太陽光発電などの再エネ設備を原則設置
※ ZEH や認定低炭素は太陽光発電などの再生可能エネルギーの採用が必要

表3　断熱等性能基準の等級の水準（UA 値）

等級	地域区分							
	1	2	3	4	5	6	7	8
7	0.2			0.23		0.26		—
6	0.28			0.34		0.46		—
5	0.4		0.5		0.6			—
4	0.46		0.56	0.75	0.87			—

※地域区分に応じて異なる数値が設定されている

（出典：表1、表2、表3 ともに国土交通省「省エネ性能に係るさらなる上位等級（戸建住宅の断熱等級6・7）の基準（評価方法）」より作成）

10 気密性能の C 値は、建物個別に測定するしかない

● C 値とは？

C 値とは「相当すき間面積」と言われ「住宅にどれくらいすき間があるのか」を示す数値で、家の気密性能を知るための指標です。数値は「小さければ小さいほど気密性能が高い」ことを意味し、「床面積 1㎡辺りに何㎠のすき間があるか」を表します。このすき間からは、給気口や換気扇、レンジフードなどの換気設備による開口は除かれます（表1）。つまり、設計上計画された開口は気密性能の対象外で、あくまでも施工上できてしまうすき間を評価の対象とします。また、C 値を知るためには、実際の現場で専用の測定器を使い、気密測定をするしか方法がありません（図1）。測定する時は多くの場合、工事途中で測定されます。測定時は単に測定するだけでなく、漏気箇所を随時確認、補修しながら進められます。

C 値は、完全に独立した指標で、U_A 値や Q 値の計算には含まれないので、それらの計算結果に影響を与えることはありません。

● 省エネ基準で気密性能が求められないのはなぜか？

なぜ気密性能は義務化されないのか、個人的に 3 つの理由があると考えます。

- C 値は完成後の建物で測定するもので、完成前に数値が確定できないこと
- 測定結果にばらつきがあること
- 正確な気密試験を行える人材の確保や環境整備ができていないこと

C 値は現場での実測値なので、確認申請時に図面から適法性を審査できません。また、C 値の計算の基礎となる実質延床面積の求め方だけでも 4 通りもあり、どれを使っても良いのですが、それぞれで別々の数値が出ます。さらに、測定は 3 回行われますが、これもそれぞれで別々の数値が出ます。まるで血圧計で血圧を測るときのように、数値にばらつきが出てしまうのです。加えて、正確な気密試験を行える人材の確保や環境整備ができていないこともあります。誤った測定方法や手順、恣意的な結果の利用などが、現在でも散見されます。それを考えると、年間に何十万件も正確に気密測定を行うには、課題が多すぎると思います。

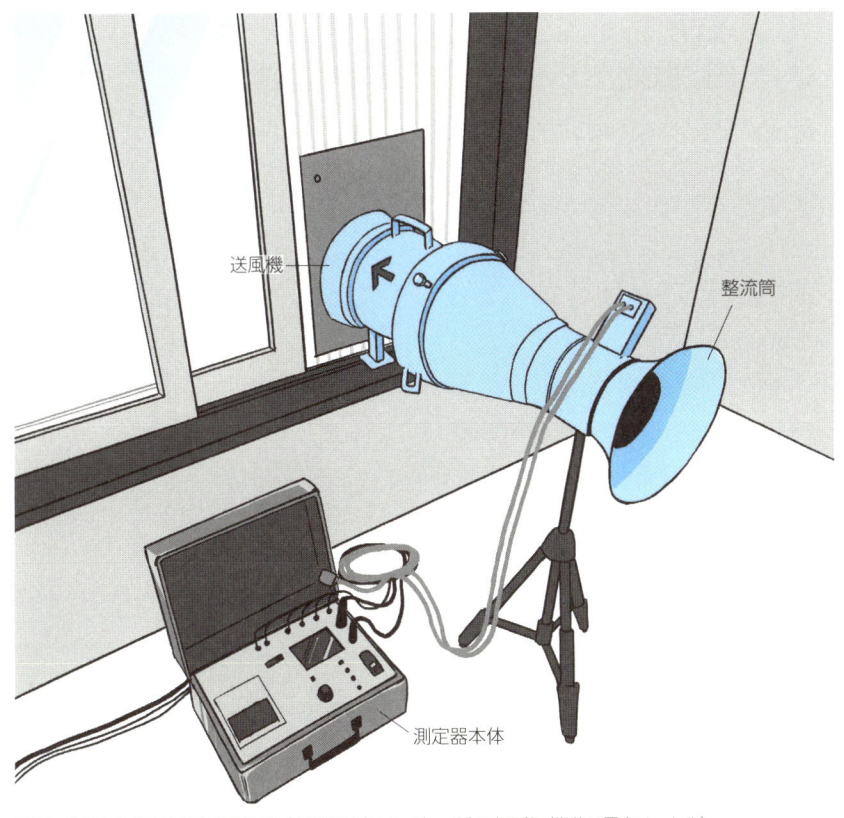

送風機

整流筒

測定器本体

C値＝住宅全体のすき間の合計面積（単位は平方センチ）／延べ床面積（単位は平方メートル）

図1　気密試験のやり方

（出典：日本住環境株式会社 HP より作成）

表1　気密試験時の開口部の処理方法

施工状態	部位	処理の仕方	測定の対象
計画されたもの	給気口	目張りする	対象
	換気扇		
	台所レンジフード		
	FF 式以外の煙突の穴（暖炉や薪ストーブなど）		
計画されていないもの	窓やドア（鍵はかける）	目張りしない	対象外
	ドアなどにあるポスト		
	床下点検口・天井点検口		

（出典：住宅・建築 SDGs 推進センター『住宅の気密性能試験方法』より作成）

11 気密性能を上げることで、すき間だらけの家にならない

◉気密性能は無視していいのか　No！

　10項で挙げたように、測定結果のばらつきなど課題が多いのであれば、気密性能は無視していいのでしょうか。答えは「No」です。気密性能が住み心地や建物に与える影響を考えると、無視して良い指標ではありません。単純に考えても、すき間が多い家では、冬は暖房の熱がどんどん逃げて暖かくならないし、夏は冷房の冷気がどんどん逃げて涼しくならないしと、良いところなしです。では、実際にC値が小さい（気密性能が高い）と、何が良いのでしょうか。以下の4つが考えられます。

- 隙間風や漏気が減ることで室内の快適性が向上する
- 24時間換気を確実に動作させ、空気の質を保つ
- 壁内結露を防止して建物の耐久性を高める
- 断熱材の性能をきちんと発揮させることができる

　まず1つ目の室内の快適性の向上についてですが、図1(b)のように気密性能が良くなることで外気の影響を受けにくくなります。図1(a)のようにすき間だらけでは、冷暖房ともにきちんと働きようがありません。2つ目の24時間換気については、図1(c)のように部屋がすき間だらけでは、穴だらけのストローで飲み物が吸えないように、換気扇で空気を動かすことができません。図1(d)のようにきちんと気密化されていて24時間換気は機能します。3つ目は内部結露の防止です。気密性能をつくる気密層は、防露性能も持ち合わせており、内部結露の発生を防ぎます（図2）。4つ目の断熱材の性能については、表1をご覧ください。この表は、繊維系断熱材を施工した時に、詰め方が悪く断熱材につぶれやすき間が発生し、かつ気流止めなどの壁体内気流を防止する措置がない場合に、どのくらい性能低下するかを断熱材の厚みを使って表現したものです。施工が悪いと、せっかくの100㎜厚のグラスウールも46㎜や84㎜厚相当となってしまいます。

　気密性能は義務化されていませんが、断熱性能を考える時に絶対に外せない要素です。気密化は「息が詰まるからよくない」ので、「ほどほどに」は間違いです。

表1　断熱材の施工状態と熱貫流率

施工状態		熱貫流率（W/（㎡・K））
	良い施工状態	0.366 (100mm)
	グラスウールの寸法が著しく大きく、挿込み過ぎた状態	0.438 (84mm)
	グラスウールの寸法が大きく、両端を押し込みすぎた状態	0.798 (46mm)
	グラスウールの寸法が小さく、柱との間にすき間ができた状態	0.569 (67mm)

（　）内は、グラスウールの施工において、「良い施工状態」を100mmとした場合の換算厚さです。

1）外皮のすき間からの空気の侵入防止と、
　それによる暖冷房負荷の低減

2）適正な計画換気をするため

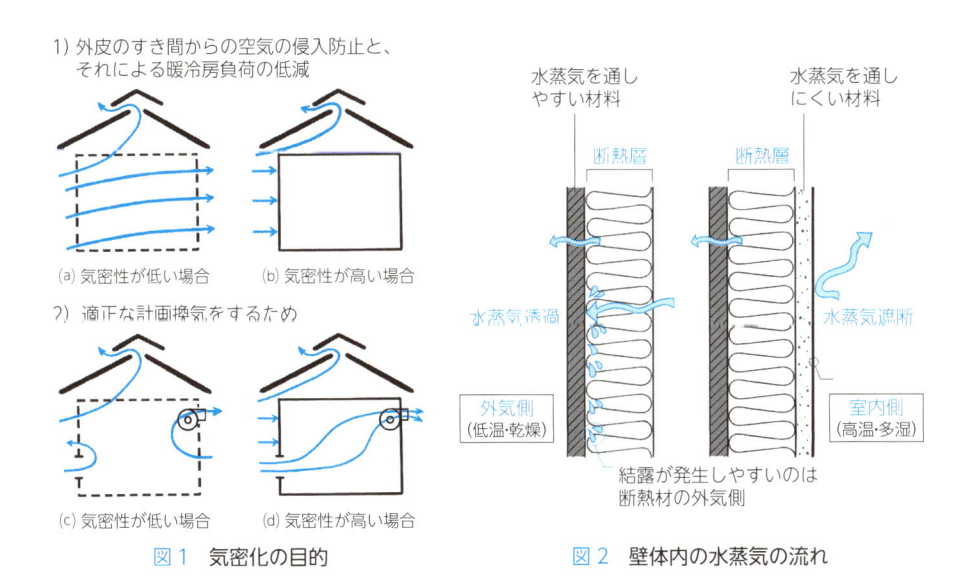

(a) 気密性が低い場合　(b) 気密性が高い場合

(c) 気密性が低い場合　(d) 気密性が高い場合

図1　気密化の目的

水蒸気を通しやすい材料　水蒸気を通しにくい材料

断熱層　　断熱層

水蒸気透過　　水蒸気遮断

外気側（低温・乾燥）　室内側（高温・多湿）

結露が発生しやすいのは断熱材の外気側

図2　壁体内の水蒸気の流れ

（出典：表1、図1、図2ともに国土交通省『住宅の省エネルギー設計と施工2023』より作成）

12　C値の目標は、1.0が目安

◉気密性能の目標　C値＝1.0

　気密性能はC値＝1.0以下が目標です。以前の平成11年省エネ基準では、北海道と東北の一部地域が2.0、それ以外の地域が5.0という数値が目安として使われていましたが、現在は廃止されています。その理由として、この程度の性能であれば現行の省エネ法で規定された施工方法を守ることで対応できるという判断がなされたためです。そして、近年の高断熱化の流れの中で継続的に様々な研究がなされ、計画換気がきちんと働くこと、漏気による熱損失が小さいこと、施工手間と得られる気密性能のバランスなどから、C値＝1.0という目安ができてきました。

　このC値＝1.0とは、床面積1㎡あたり1㎠の隙間があるという意味です。延べ床面積120㎡であれば、12㎠の隙間があることになり、家全体ではがき大の穴があいていることを意味します（図1）。すき間は主に、巾木まわりや天井の廻り縁まわり、窓などの開口部の周辺、コンセントまわりに存在します。窓では引き違いサッシはその構造上、隙間が多いことが知られています。

◉内外温度差とすき間の関係からC値＝1.0を考える

　表1は、延べ床面積130㎡程度の住宅について、気密性能と内外温度差による自然換気回数（漏気回数）の関係を表したものです。表内で例えば、C値＝5.0で内外温度差20度の時（室内20度・室外0度の時など）は換気回数0.33回／hです。これがC値＝1.0となると、換気回数0.07回／hとなり、漏気による熱損失が非常に少なくなり、温熱環境を考える上で無視しても良いレベルになります。内外温度差30℃の時を見ていただくと面白い関係性が見えてきます。例えば、内外温度差30℃でC値3.0の時、自然換気回数（漏気量）が0.30になっており、これはC値の1／10の値になっています。つまり、内外温度差30℃の時は、C値の1／10の値が漏気量になっているのです。

　自然換気回数については当然、風の影響も受けますが、気密性能が高い建物であれば、風速5mくらいまではほとんど影響を受けず、内外温度差の方で決まること

がわかっています。外部風速が 5 m、立地は普通の市街地（吹きさらしではない）、外気温 0 度、C 値 = 5.0 で、漏気回数は 0.33 回／h 程度です。これが C 値 = 1.0 で 0.08 回／h です。温熱環境を考える上でこれも無視して良いレベルです。参考までに、厳密には同じものではありませんが、24 時間換気の換気回数は 0.5 回／h です。それと比べると C 値 = 1.0 程度に気密化されていれば、内外温度差や風による漏気の影響がいかに小さいかがわかると思います。

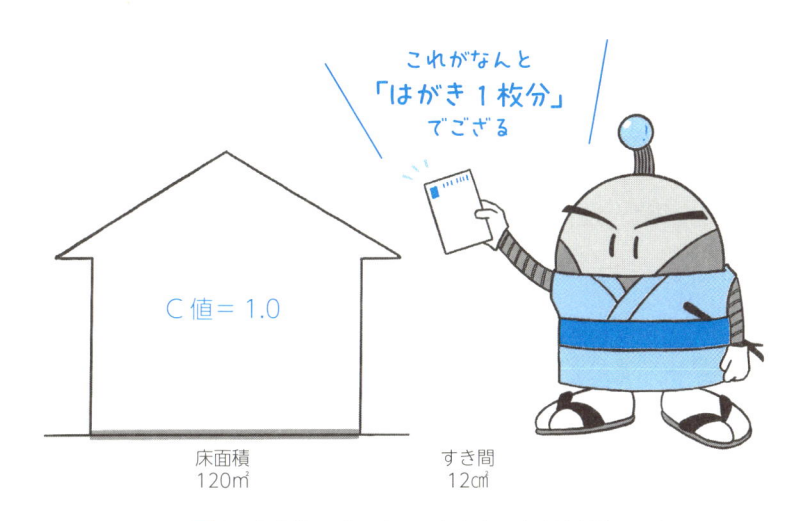

図1　家全体でどのくらい大きさのすき間があるのか

表1　気密性能と内外温度差による自然換気回数（回／h）

すき間相当面積（cㅤ/㎡）C 値	内外温度差			
	10℃	20℃	30℃	40℃
5.0	0.17	0.33	0.50	0.66
4.0	0.13	0.27	0.40	0.53
3.0	0.10	0.20	0.30	0.40
2.0	0.07	0.13	0.20	0.27
1.0	0.03	0.07	0.10	0.13

（出典：住宅・建築 SDGs 推進センター『住宅の気密性能試験方法』より作成）

13　C値は施工手間・コストを見据え、数値を追いすぎない

◉ C値はほどほどにが原則　余裕がある時だけ一層の気密化を

　気密性能については、C値 = 1.0 を目標とするのが正解です。このレベルまで持って来られれば、11 項で触れたように、隙間風や漏気が減ること、24 時間換気が確実に動作すること、壁内結露を防止して建物の耐久性が高まること、断熱材の性能をきちんと発揮させることができるからです。他には、C値は現場の施工精度や窓の種類にも影響を受けてしまう上、10 項で触れたように気密試験で得られる数値のばらつきの問題もあります。U_A 値であれば、サッシをこの仕様に変更すれば 0.1 改善できる、のように数字で判断できますが、C値ではそうはいきません。そのため、C値の改善をするために掛けた手間やコストの評価がしづらく、それに見合ったものなのかを判断できません。必要以上の手間やコストは他へ回すべきです。パッシブハウス認定の取得を目指す場合や、気密対策に掛ける費用に納得できる場合などに限って、より一層の気密工事をすれば十分です。

◉ 24 時間換気の「本当の換気回数」をチェックする（0.5 回／hではない）

　C値について考えるときは、建築基準法の換気回数について検討してみる必要があります。換気回数は 0.5 回／h でしょうと言われればその通りですが、それはあくまで書類上の話であって、実際の家の換気回数ではありません。申請図書の抜粋である表 1 の一番右側の換気回数の欄を見てください。この家では、0.63 回／h が実際の換気回数です。12 項で、外部風速や内外温度差による漏気を検討してみましたが、そこに当てはめてみれば、基準法の 0.5 回／h と実際の 0.63 回／h の差である 0.13 回/h は、小さければ小さいほど良いとわかります。

　あくまで目安で厳密には同じではありませんが、この 0.13 回／h は内外温度差 20 度の時には C値 = 2.0 に相当します（12 項表 1）。せっかく建物が C値 = 1.0 だったとしても、実際の家は C値 = 2.0 の時に自然換気されるくらいの漏気量が余分に換気されていて、その分の熱を失っているということになってしまいます。ここで余分に発生している 0.13 回分を気密工事で穴埋めしようとすると、凄まじいレ

ベルの気密工事が必要で、それに掛かる金額も相当なものなることは容易に想像できます。この部分の数字をチェックする人はほとんどいないと思いますが、換気による熱損失は住み心地に影響を与えるのです。冬場は寒くて24時間換気を止めてしまっている住まい手は少なからずおられますが、これが理由です。気密工事を凄まじいレベルで施工しても、24時間換気の換気回数が最適化されていないと、高気密化の意味がなくなるほど熱はどんどん逃げてしまいます。U_A値では換気による熱ロスは無視されるという話を05項でしましたが、それゆえに実際の設計の現場でも無視されがちなポイントなので注意が必要です。

　この換気回数0.63回／hを決めているのは、結局は換気扇（排気扇）の風量です。風量の小さい換気扇へ変更するだけで、多大な気密工事をするよりも、実際の熱損失を減らすことが可能です（表2）。換気扇の最適化にかかる手間や機器代は、気密工事と比べればはるかに安いです。ただ換気扇を選び直すだけなので、これほどコスパが高い対策はありません。細心の注意を払って器具選定をしましょう。

表1　確認申請上の換気回数

必要有効換気量(A) ㎥／h	換気種別	給気機による 給気量(A) ㎥／h	排気機による 排気量(B) ㎥／h	換気回数
254.960 × 0.5	第3種換気設備 給気口及び 排気機		80	
	第3種換気設備 給気口及び 排気機		80	
127.480			160	0.63>0.5

表2　表1の排気量を最適化した場合の換気回数

必要有効換気量(A) ㎥／h	換気種別	給気機による 給気量(A) ㎥／h	排気機による 排気量(B) ㎥／h	換気回数
254.960 × 0.5	第3種換気設備 給気口及び 排気機		80	
	第3種換気設備 給気口及び 排気機		60	
127.480			140	0.55>0.5

例えばこの換気扇の一つを風量（排気量）60のものへ変更したら？
80+60=140　140÷254.960=0.549　換気回数0.55
計画換気による熱損失をより一層おさえられる

14 これからの高気密・高断熱化のために、通気層と気流止めを知る

◉通気層と気流止めを設け、断熱層・気密層・防湿層を連続させる

　これからの高気密・高断熱化にあたってのキーワードは「連続性」です。設計にしても施工にしても、この分野で何か悩むことがあったら「連続させる」とだけ分かっておけば、ほぼすべて解決できます。最近は魔法瓶タイプの水筒が一般的になりました。全体を断熱層で包むことで、長時間の保温を可能にしています。その断熱層の一部に欠損があったらどうなるでしょうか？例えわずかでも大幅な性能低下に繋がります。少しくらいなら問題ないと考えがちですが、その中にリスクが潜んでいます。例えば通気層や防湿層の不備による内部結露の発生などは、その最たるものでしょう。

　断熱計画に絡むものは連続させて問題に対処します。家中のすき間をなくすために、気密層をすき間がないように連続させます。内部結露を防ぐため断熱層内に湿気が入らないように、防湿層を連続させます。断熱欠損を生じさせないように、家全体を隙間なく断熱材で包みこんで、断熱層を連続させます。断熱層内に入ってしまった湿気を内部結露させずに外部へ逃がすために、通気層を連続させます。断熱層内の気流は断熱性能を低下させますが（11項表1）、それを防ぐために気密層に連続させて気流止めを設けます。図1の丸が付いたところ（取合い部）が間違いの起きやすいところです。24項以降で詳細を一部紹介します。忘れがちですが、繊維系断熱材を外壁や屋根断熱に採用する時は、防風層も意識しましょう。防風層とは、通気層を通る気流が、隣接する繊維系断熱材の中に入って性能低下を引き起こすことを防止するためのものです。袋入り繊維系断熱材を普段から使っている方が、裸の繊維系断熱材を使い始めた時に忘れがちです。袋入り繊維系断熱材は、防風層があらかじめセットになっているのです。壁については、透湿防水シートがその役割を果たしてくれるので、意識していなくとも問題が起きません。屋根断熱の時の施工忘れは散見されます。断熱材施工時の通気層のつぶれを防ぎつつ、防風層を確保する部材が販売されているので、必ず採用しましょう。

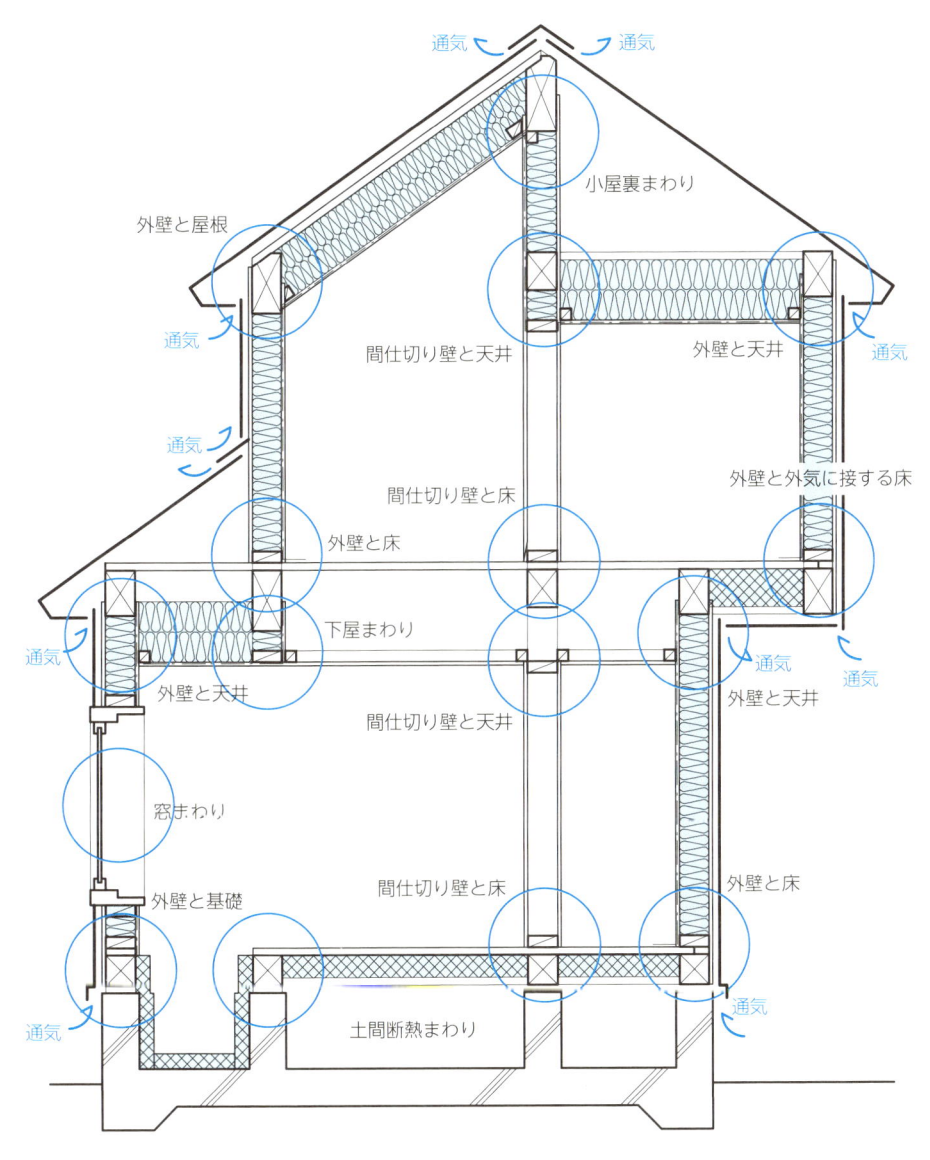

通気層と気流止めを設け、断熱層・気密層・防湿層を連続させる
気密コンセントボックスや気密テープなどを適宜使用して気密層・防湿層を連続させる
繊維系断熱材を採用する時は、防風層も忘れずに

図 1　断熱層・気密層・防湿層を連続させる上で注意すべき箇所

15 換気と漏気と通風の違いを どう説明しよう？

●換気と漏気と通風の違い

　換気と漏気と通風とは何が違うのでしょうか。簡単に言うと、換気とは生活の快適性を上げつつ建物の寿命も伸ばすために計画されたもの、漏気とは生活の快適性を下げる上に建物の寿命を短くしてしまう計画されていないもの、通風とは冷暖房設備によらず人が窓を開けて自然の風を取り入れるもののことです（表1）。この3つは気密性能とも切っても切れない関係にあります。高気密と聞くと、閉じ込められて息が詰まりそうなイメージを持たれる方もいると思いますが、実際は違います。気密化することで機械換気が有効に働き、自然通風が促進され、空気が淀むことなく新鮮な空気の流れが作られます。気密化とは、漏気を発生させてしまう建物の施工上のすき間を塞ぐことであって、必要な開口まで塞ぐわけではありません。それに、気密化されたからと言って、窓を閉め切った生活を強いられるわけでなく、住まい手の意思で自由に窓を開け閉めして風を通して良いのです。何より自然通風によって快適さが得られるのであれば、それが一番の省エネです。

　また、外部環境という少し広い範囲で通風を考えると、冷たい風が建物に吹き付けることで建物の表面温度が下がり内部から熱が奪われ、快適性が損なわれる事態も見えてきます。こうした風への対策として、かつての防風林や屋敷林も有効な手法なのです。家々が集まる住宅地でも同じような効果が発揮されます。

●計画換気とシックハウスとインテリア

　計画換気は、シックハウス対策として義務づけられています。そのため、建物に使われる建材から放出されるホルムアルデヒドやVOCなどの放散対策と思われるところですが、現在は違います。現在では設備機器、持ち込みの家具などからの放散対策の側面が大きいのです。建築の建材については、ホルムアルデヒドやVOCなどをまったく放散しないか、ほとんど放散しないもの（☆☆☆☆フォースター建材）の使用が当たり前になっているからです。今はインテリア側こそ、気を配ることがとても大切になっています。

表1 換気と漏気と通風の違い

	換気	漏気	通風
目的	快適性を上げる	快適性を下げる	快適性を上げる
	建物の寿命を伸ばす	建物の寿命を短くする	冷暖房負荷の軽減
	シックハウス対策		
気流	意識されない	意識されない	快適（風速に依存）
影響の出る時期	常時	冬期・夏季	中間期
		内外温度差が大きい時	夏季夜間
気象条件の影響	小	大	大
立地条件の影響	小	中	大
検討すること	換気扇の省エネ性	気密性能	開閉のしやすさ
	給気口の位置		防犯性
	メンテナンス性		遮音性
			雨の吹込み
課題	換気回数の最適化	気密性能を上げる	住まい手の意識
	消費電力の省エネ		窓の配置
	メンテナンス性		自然風を効果的に利用できるプランや工夫

高窓の利用

単に風を利用するだけではなく、風がない時でも内外温度差による重力換気が可能。天窓とは違い、突然の雨や防犯性にも配慮しつつ、効果的な換気ができる。特に、夏期の夜間の涼しい外気で室内を涼しくする手法「ナイトパージ」は今後ますます注目される手法。

高窓を使った
ナイトパージに
注目

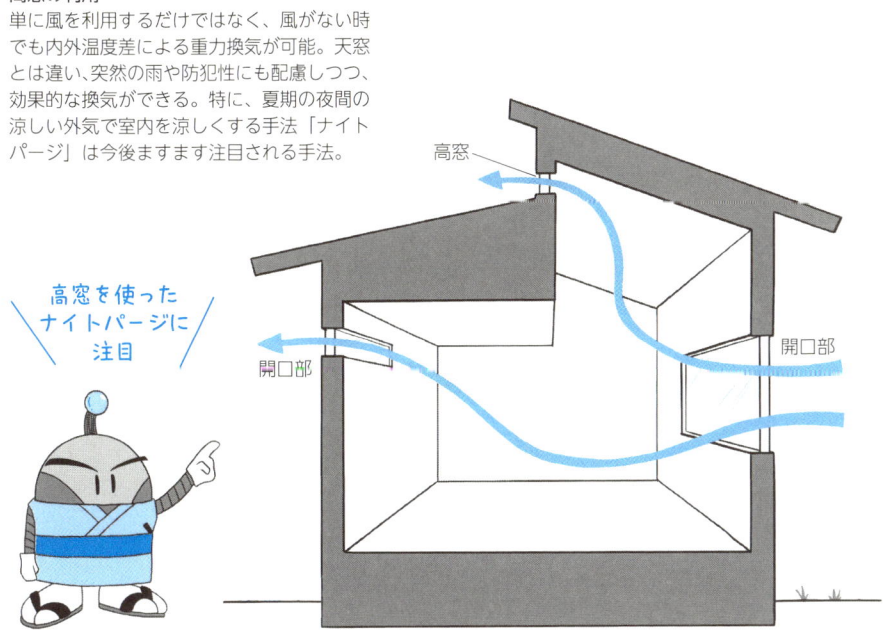

高窓

開口部

開口部

図1 高窓について

16 たくさんある断熱材、なにをどうやって選ぶ？

●断熱材の種類

　断熱材は、素材や形状、性質の違いがあり、実に多くの種類が流通しています。分類方法も様々ですが、ここでは3種類に分けます。「繊維系」と「自然素材系」、「発泡プラスチック系」です（表1）。繊維系には、ガラスを原材料としたグラスウールや人造鉱物を現材料としたロックウールがあります。世界的に見ても広く使われており、コスト的にも安価な部類です。自然素材系には、セルロースファイバーやインシュレーションボードに代表される木質繊維系断熱材や、羊毛を原材料としたウール断熱材があり、コスト的には繊維系より高価です。発泡プラスチック系は、石油系ともいわれ、合成樹脂などを様々な方法で発泡させたもので、ボード状に成形したものや現場で吹き付けるものなどあります。コスト的には繊維系より高価ですが、断熱性能が高いので、断熱材の厚みを薄く抑えられる利点があります。

●断熱材の選び方

　プロでもうっかり間違ってしまいそうな話に、断熱材はその素材自体で断熱性能を発揮しているわけではない、ということがあります。そもそも断熱材は、どのように断熱性能を発揮しているのでしょうか。繊維系や自然系の断熱材であれば繊維の間に、発泡プラスチック系の断熱材であれば発泡している泡状の空隙の間に空気を留めて、その空気によって断熱性能を発揮しています（図1）。より細かく、よりたくさんの空気を動かないように留めておくことで、より高い断熱性能を発揮します。逆を言えば、すき間や気泡が大きく空気どんどんが動いてしまう状況下では、期待しているような性能は発揮されないということです。これは断熱材の施工についても言えます。11項でも触れましたが、すき間だらけの施工では期待される断熱性能は発揮されません。つまり、断熱材を選定する時には、断熱材そのものについてだけでなく、施工方法についても気を配る必要があります。施工する場所への向き不向きだけではなく、建物全体でどこに断熱ラインや防湿層、気密層を計画し、それらが確実に施工できるのかまで考えた上で、選定する必要があります。

表1　代表的な断熱材の種類

	断熱材	熱伝導率 (W/㎡·K)	熱伝統率の区分[注1]	形状	価格の目安
繊維系	高性能グラスウール	0.038	C	マット状、綿状	1
	ロックウール	0.038	C	マット状	1
自然素材系	セルロースファイバー	0.040	C	綿状	1.5
	羊毛断熱材	0.045	B	マット状	2
	木質繊維系断熱材	0.038	C	マット状、綿状	3
発泡プラスチック系	ビーズ法ポリスチレンフォーム[注2]	0.034	D	ボード状	2
	押出法ポリスチレンフォーム[注3]	0.028	E	ボード状	2
	硬質ウレタンフォーム[注4]	0.024	E	ボード状、吹付	2.5
	フェノールフォーム	0.020	F	ボード状	3

注1　熱伝統率の区分：住宅金融支援機構による断熱材の性能区分で、F が最も性能が良く、A が悪い。
注2　A 種ビーズ法ポリスチレンフォーム保温版特号
注3　A 種押出法ポリスチレンフォーム保温版 3 種
注4　A 種硬質ウレタンフォーム保温板 2 種 2 号

繊維系断熱材
繊維のすき間に空気を
保持している

発泡プラスチック系断熱材
気泡膜の中に空気（ガス）が
閉じ込められている

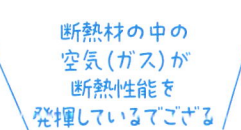

断熱材の中の
空気（ガス）が
断熱性能を
発揮しているでござる

図1　繊維系とプラスチック系の断熱材の違い

（出典：旭化成建材 HP より作成）

17 断熱材のおすすめの組み合わせとは

◉基本はこれで　まずはこの組み合わせからスタート

　断熱材の選定については、これが正解で、あれは間違いというように、唯一絶対の答えはないと私は考えています。目指すべき断熱性能に対して、基本とする組み合わせで計画をし、コストを睨みつつ、より高性能が必要な場合や、断熱材の好き嫌いがあればそれを反映し、最終決定とする方法を私はおすすめしたいです。また、既に信頼性が高く経験豊富な断熱材の組み合わせをお持ちの方は、その延長で省エネ基準や誘導基準をクリアしていく方法が本筋です。本書では「屋根、壁は繊維系」、「床や基礎は発泡プラスチック系」の組み合わせを、基本中の基本ということでおすすめしたいと思います。その理由として、この組み合わせは世間で最も採用されている組み合わせであり、それ故にコスト的にもこなれていること、ノウハウが蓄積されていて施工の信頼性が高いこと、不幸にも問題が起きても対処法などを広く仲間と助け合えることなどがあります。

◉断熱性能は、断熱材の性能と厚みで決まる

　実際の各部位の断熱性能は、熱抵抗値（R値）で表されます。この数値が大きいほど熱が伝わりにくいことを表し、断熱性能が高いことを意味します。この熱抵抗値（R値）は、断熱材の性能をあらわす熱伝導率（λ値）と厚みとで決まります（図1）。断熱材ごとに熱伝導率は違い、同じ厚みであっても断熱性能は変わってきます。性能の低い断熱材は、厚みを厚くする必要があり、逆に性能の高い断熱材であれば、厚みを薄くできます（図2）。

　断熱性能を高くする基本は、断熱材を厚くするか、性能が高いもの（熱伝導率の低いもの）を採用することです。仮に自分が使いたい断熱材があっても、必要な性能が確保できる厚みで施工できない場合は、採用できません。各部位において、断熱性能を確保できる断熱材の選定を意識しましょう。先に提示させていただいたおすすめの組み合わせは、このあたりを無理なくクリアできるものとなっています。また、断熱性能については、断熱材が正しく、精度高く施工されることも大切です。

[熱抵抗値 (R 値)]＝[材料の厚さ] ÷ [材料の熱伝導率]

熱抵抗の単位は㎡K/W です。
厚さの単位は m、熱伝導率の単位は W/mK です。
厚さの単位は㎜ではないので計算時には注意してください。

図1　熱抵抗値（R 値）の計算方法

屋根、壁は繊維系、
床は発泡プラスチック系
が基本でござる

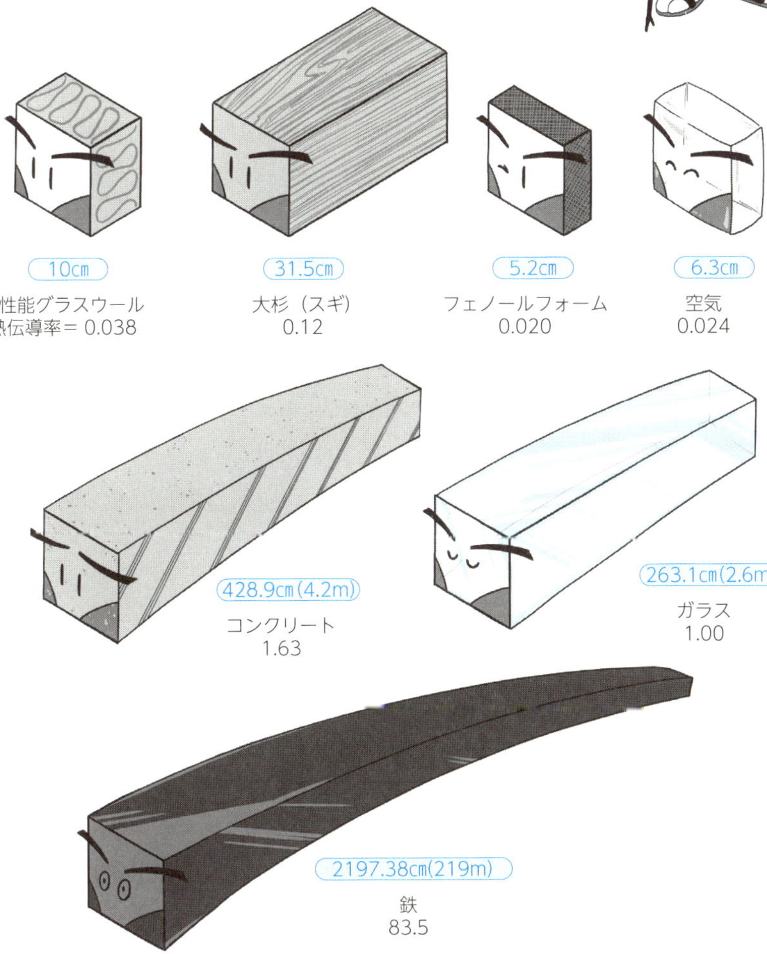

10㎝
高性能グラスウール
熱伝導率＝ 0.038

31.5㎝
大杉（スギ）
0.12

5.2㎝
フェノールフォーム
0.020

6.3㎝
空気
0.024

428.9㎝(4.2m)
コンクリート
1.63

263.1㎝(2.6m)
ガラス
1.00

2197.38㎝(219m)
鉄
83.5

図2　高性能グラスウール 10cm と同じ断熱性能にするためには、他のものではどのくらいの
　　厚みが必要になるのか

18 グラスウール
コスパ最強の繊維系断熱材

◉世界中で広く使われ、コスパも良し

　繊維系断熱材は、ガラスや鉱物原料等を溶融して繊維化し、綿状にした断熱材です。繊維が複雑に絡み合うことで繊維間の空気の対流を抑え、動かない空気の層とすることで熱を伝えにくくし、断熱性能を発揮します。断熱材として、屋根、天井、壁、床、付加断熱と、ほとんどの部位に使用可能です。世界中で広く一般的に使われているだけではなく、長年使われ続けている信頼性の高い断熱材です。

◉グラスウールのメリット・デメリット

　グラスウールは、リサイクルガラスが主原料です。日本においては最も多く使われており、長年使われ続けてもいる信頼性の高い断熱材です。メリットは、グラスウールそのものが不燃材なので火災時の安全性に優れること、吸音材料でもあるため吸音性にも優れること、素材がガラスのため長期間劣化しにくく、経年変化による断熱性能の低下がほとんどないことが挙げられます。厚く施工しても問題なければ、必要な断熱性能を確保するためのコストは、一番安くなります。

　デメリットを挙げると、柔らかさに起因する施工の難しさや、グラスウールの繊維自体には吸水性はありませんが、施工時に雨水にぬれたり、内部結露を起こしたりすると、性能の低下やずり下がりが起きることが挙げられます。だいぶ改善されていますが、施工時にチクチクすることもデメリットの一つです。発がん性について触れられることもありますが、IARC（国際がん研究機関）による発がん性分類評価会議において、コーヒーなどよりも安全性の高い「グループ3」とされています（19 項表2）。また、アスベストとは全く違うもので、関係性も全くありません。

　火災時の安全性についての補足ですが、ガラス繊維の耐熱温度は一般的に 250 〜 350℃（密度や種類によって異なる）なので、実際の高温の火災時には溶けて縮んでしまいます。フェノール樹脂が含まれているので、わずかにガスや黒煙の発生がありますが、量がわずかなため、人体に悪影響はないとされています。

例）10K・厚さ 100mmの断熱材を 50mmまで潰した場合（見かけ上の密度：20K）
- 通常時の断熱性能　10K100mm　0.10（m）/0.050（W/m・K）= 2.0（㎡・K/W）
- 潰した場合の断熱性能　20K50mm　0.05（m）/0.042（W/m・K）= 1.2（㎡・K/W）

上記のように、断熱性能は 40% ダウンしてしまいます。潰して薄くして施工すると断熱性能が下がってしまうため、施工方法としてはおすすめできません。

一般的なグラスウール

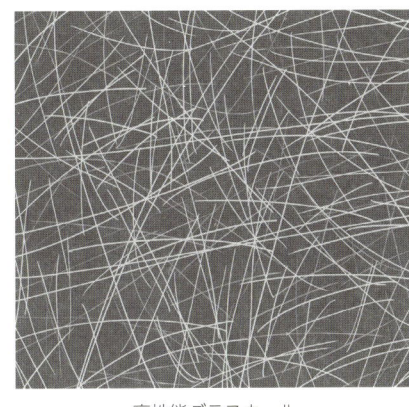
高性能グラスウール

図 1　繊維系断熱材の拡大図

図 2　繊維系断熱材の施工風景

19 ロックウール
耐火性・吸音性に優れた繊維系断熱材

◉ロックウールのメリット・デメリット

　ロックウールは、人工の鉱物原料が原材料です。メリットのひとつは、ロックウールそのものが不燃材なので火災時の安全性に優れることです。耐熱温度は600℃と高く、グラスウールよりも耐火性にも優れます。吸音材料でもあるため吸音性にも優れ、強いて言えば、高音域の吸音性に優れるグラスウール、低音域の吸音性に優れるロックウールになります。素材が鉱物のため長期間劣化せず、経年変化による断熱性能の低下もほとんどありません。撥水性があり吸湿性も低いです（表1）。

　デメリットを挙げると、グラスウールよりも高コストな点です。また、グラスウールと同様、柔らかさに起因する施工の難しさや、施工時にチクチクすることもあげられます。発がん性については、グラスウール同様、IARC（国際がん研究機関）による発がん性分類評価会議において、コーヒーよりも安全性の高い「グループ3」とされています（表2）。言葉が近い（岩綿と石綿）ので誤解されやすいですが、アスベストとは違うものです。火災時の安全性についての補足ですが、グラスウール同様、フェノール樹脂等が含まれているので、わずかにガスや黒煙の発生がありますが、量がわずかなため、人体に悪影響はないとされています。

◉アスベストの今

　吸い込むと肺がんなどを引き起こすとされるアスベストですが、大気汚染防止法の改正により、2021年から段階的に法整備が進んできました。アスベストの全面禁止は2006年ですが、それ以前に建てられた建物の老朽化が進み、改修や解体が増加することで、アスベストの飛散リスクが高まっていることへ対応するためです。鉄骨の耐火被膜としての吹き付けられたレベル1建材は当然として、住宅などにも広く使われているレベル3建材も当然、規制対象です。今では既存住宅にエアコンを設置するときのスリーブ工事でも、アスベスト含有に関する事前調査が必要です。一般の方にも周知が進むでしょうから、特に建て替えで旧家屋の解体があるときなどは、対応方法などを質問されることが予想されます。

表1 グラスウール VS ロックウール 比較表

項目	グラスウール	ロックウール
主な原材料	リサイクルガラス	人工の鉱物原料
断熱性能 W/m·K	0.038（高性能タイプ）	0.038
コスト	若干安い	若干高い
バリエーション	多い	少ない
吸音性	高音が得意	低音が得意
耐熱温度	250〜350度	600度
吸水性	あり（濡れるのは苦手）	低い
吸湿性	低い	
人体への悪影響	ない	
耐久性	長期間劣化しない	
使用箇所	壁、天井、屋根	
防湿層、通気層	必要	

グラスウールが
一番使われている
でござる

　ロックウールとグラスウールはよく似た断熱材です。ロックウールの方が、湿気に強く耐熱温度にも優れますが、バリエーションとコスト面でグラウルールが優れるため（安いため）、グラスウールの方が採用される機会が多いです。内部結露の問題など、水への弱さが言われるグラスウールですが、防水・防湿・気密措置のノウハウが蓄積され対応できているので、私はコスト面からグラスウールを採用しています。

表2 発がん性リスク分類

分類	内容	種類	例
グループ1	発がん性がある	120種	アスベスト、アルコール飲料　等
グループ2A	おそらく発がん性がある	81種	ディーゼル排ガス、紫外線　等
グループ2B	発がん性がある可能性がある	299種	ガソリン、重油、コーヒー　等
グループ3	発がん性について分類できない	502種	ロックウール、お茶、グラスウール　等
グループ4	発がん性がない	1種	カプロラクタム（ナイロン原料）

(2021年7月現在)　　　　　　　　　　　　　　　（出典：『国際がん研究機関（IARC）』の資料より作成）

20 セルロースファイバー
吸放湿性の機能をもつ自然素材系断熱材

●セルロースファイバーの特徴とメリット

　セルロースファイバーは、回収された新聞等の古紙が主原料です。そのため自然素材系断熱材と呼ばれます。原材料を繊維状に裁断して、ホウ酸による薬品処理をし、難燃性や撥水性、防かび性を持たせて、綿状にした断熱材です。繊維同士が複雑に絡み合うことで空気の層をつくるのはグラスウールやロックウールと同じですが、1本1本の繊維の中にも自然の空気胞があり、熱や音を伝えにくくします。加えて自然素材のため、湿気を吸放出する機能を持つことが特徴です。そのため、グラスウールなどの繊維系断熱材は防湿層を施工することが原則ですが、セルロースファイバーの場合は、物件毎に内部結露計算を行い安全であれば、防湿層の施工を省略することができます。自然素材系断熱材の持つ吸放湿性を活かすことを考えるときは、防湿シートを施工するにしても、通常の防湿シートではなく、可変調湿シート（冬は防湿、夏は透湿することにより、壁体内結露やカビを抑制することができるシート）の採用を検討しましょう。

　施工に関しては、原則として事業者による責任施工となり、職人による施工の優劣が起こりにくく、施工精度の高さが期待できます。吹き込み工法では、断熱材が複雑な形状になってしまう部分や筋交い、配線・コンセントボックスまわりなど、細かな隙間ができる部分にも充填されます。他の繊維系断熱材よりも高密度で施工されるため、主に中音域から高音域において優れた吸音性も発揮します。添加されるホウ酸の作用により、害虫の侵入を防ぐ効果が期待できるだけでなく、難燃性も高くなることで、約1000℃の炎をあてても表面が炭化していくだけで燃え広がることなく、延焼を遅らせる効果があります。断熱材として、屋根、天井、壁、床と、ほとんどの部位に使用可能です。

●セルロースファイバーのデメリット

　デメリットをあげると、コストが高いことが挙げられます。グラスウールと比べると1.5倍程度のコストアップになります。次に、断熱材の厚みが必要になる点が

挙げられます。他の断熱材と比べると熱伝導率が高め、つまり断熱性能は低めなので、同じ性能を実現するときには厚みが必要になります。表1にあるように、グラスウールとは違い、密度によって熱伝導率が変わることもないので、性能を上げるにはどうしても厚みを増すことが必要になります。他には、施工精度によっては、長期的に沈下して隙間ができる可能性があることも挙げられます。防湿層を施工しないときは、気密性能への配慮が必要な点も挙げられます。通常は防湿シートが気密性能を持つため、防湿層が気密層としての役割も果たしますが、セルロースファイバーの施工に使われてるシートは、防湿シートや気密シートではなく不織布なので、基本的に気密性能はありません。そのため、耐力面材を採用し、ジョイントをテープ処理するなど、気密性能に対して設計段階からの対策が必要です。ただ、実際の施工現場では、気密シートがなくても C 値 = 1.0 をクリアできます。

表1　吸込み用繊維質断熱材（JIS A 9523）による性能

種類			密度の下限値(kg/㎥)	熱伝導率(W/(m·K))(平均温度23℃)	吸湿(%)	耐着火性	防火性	防カビ性	はっ水性
吸込み用セルロースファイバー断熱材	天井	LFCF2540	25	0.040 以下	15 以下	規定しない	燃焼3級に適合	接触した部分に菌糸の発育が認められない	沈んではならない
	屋根・床・壁	LFCF4040	40						
		LFCF4540	45						
		LFCF5040	50						
		LFCF5540	55						
		LFCF6040	60						

日本セルロースファイバー工業会の製品は、規定された性能に適合し、JIS マーク表示認証を取得しています。

（出典：日本セルローズファイバー工業会 HP より作成）

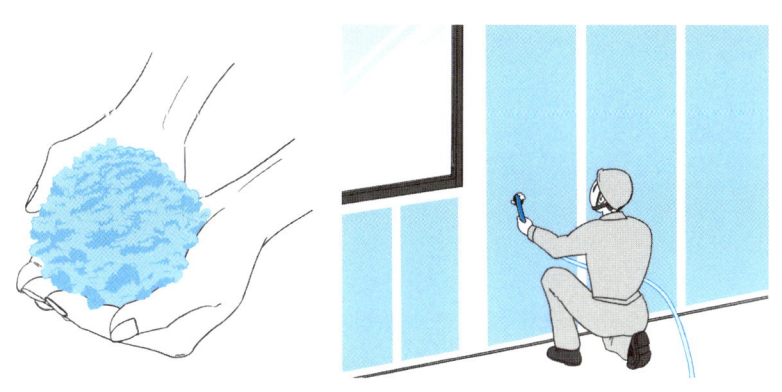

図1　自然素材系断熱材とその施工風景

21 羊毛と木質繊維
環境にやさしい、その他の自然素材系断熱材

◉羊毛断熱材のメリット・デメリット

羊毛断熱材は、その名の通り羊毛・ウールを主原材料としています。特殊ポリエステルなどを加えることで製品化されていますが、ウール100％の製品もあります。羊毛のため水分吸収能力が高く、防露認定を取得している製品もあり、防湿層を不要とすることもできます。また、高い吸音性もあります。防虫処理をすることで、虫害に対応しています。発火温度は570～600度と高く、炭化することで燃え広がりを抑える難燃性を持ちます。

デメリットは、コストが高いことです。グラスウールと比べると2倍程度のコストアップになります。次に、他の断熱材と比べると熱伝導率が高め（断熱性能が低め）なので、同じ性能を実現するときには厚みが必要になります。防湿層を施工しないときに気密性能への配慮が必要になる点は、セルロースファイバーと同じです。防湿シートによる気密性がなくなるため、耐力面材を採用して、ジョイント目地を気密テープ処理するなど、設計段階からの対策が必要です。防湿シートを施工するにしても、自然素材系断熱材に共通する吸放湿性を活かすことを考えるのであれば、通常の防湿シートではなく、可変調湿シートを採用しましょう。

◉木質繊維系断熱材

木質繊維系断熱材は、間伐材や木材チップを主原料としています。これを繊維状にほぐし、マット状や綿状にした断熱材です。メリットは、湿気の吸放出性や吸音性を併せ持つことです。そのため、通常の防湿シートではなく、可変調湿シートを採用しましょう。ホウ酸を添加することで、難燃性や防虫性を持たせていて、セルロースファイバーに似た特徴を持ちます。近年の脱炭素化、持続可能な開発への関心の高まりから、世界的に注目されている断熱材です。

デメリットは、自然系断熱材に共通ですが、まずコストがグラスウールと比べると3倍程度と高いこと、熱伝導率が高め（断熱性能が低め）なので、同じ性能を出すためには厚みが必要なこと、採用数が少ないことが挙げられます。

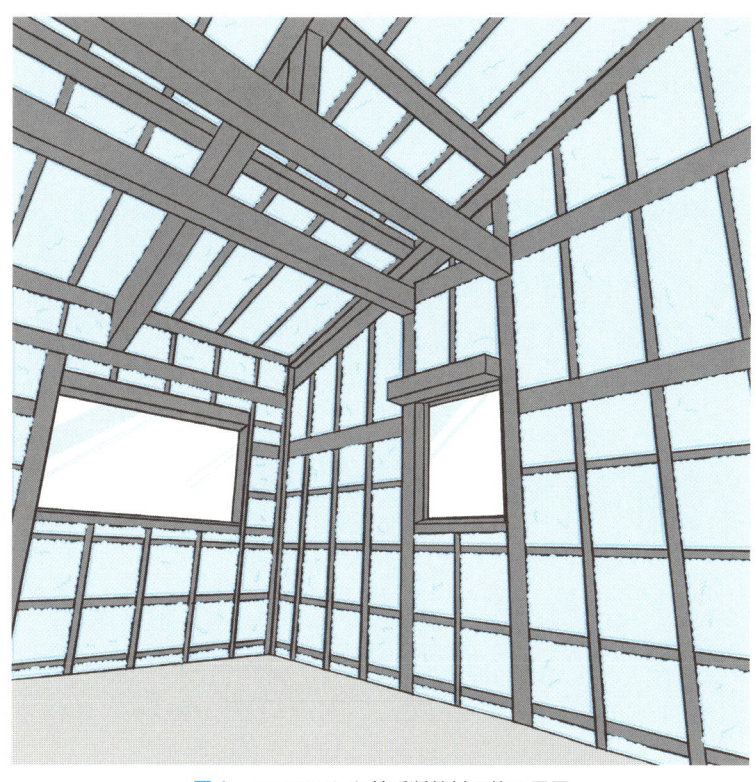

図1　モコモコした羊毛断熱材の施工風景

（出典　コスモプロジェクト HP より作成）

図2　木質繊維系断熱材の施工風景

（出典：イケダコーポレーション HP より作成）

22 ポリスチレンフォーム
劣化につよい発泡プラスチック系断熱材

◉ビーズ法ポリスチレンフォーム

　ポリスチレン樹脂を主原料とするボード状の断熱材です。発泡剤（ノンフロン）や難燃剤等を加え、原料ビーズを予備発泡させた後に金型に充填し、加熱することによって約30倍から80倍に発泡成形させます。一般的にはEPSと呼ばれ、発泡スチロールと基本的に同じものです。

　メリットは、軽量で耐水性や耐湿性に優れていることです。南極昭和基地という極限の環境で、壁の断熱材に採用され40年間経過しても断熱性がほとんど劣化しませんでした。また、独立行政法人建築研究所に設置された屋根曝露試験設備の金属屋根下地の断熱材として30年間経過しても断熱性がほとんど劣化せず、長期に渡って安定した性能を維持しました。耐水性や耐湿性の高さから、基礎まわりで使われることも多く、防蟻性能をもたせた製品もあります。燃える時に黒い媒（炭素粒子）が出ますが、塩化水素やシアン化水素の発生はありません。（(財)建材試験センター建設省告示第1231号第41に規定するガス有毒性試験より）

　デメリットは、グラスウールと比べると2倍程度のコストがかかること、可燃物なので火気に注意が必要なこと、長期間紫外線にさらされたり、80度以上の温度にさらされると劣化すること、有機溶剤（アルコール類を除く）や石油類で溶けてしまうので、施工時の接着剤の選定に注意が必要なことなどが挙げられます。

◉押出法ポリスチレンフォーム

　ポリスチレン樹脂を主原料とするボード状の断熱材です。発泡剤（ノンフロン）や難燃剤等を加え溶融混合し、連続的に押出発泡成形したもの、もしくは押出成形したブロックから切り出したボード状のものです。約30倍に発泡膨張させられています。メリットは、軽量で耐水性や耐湿性、断熱性にも優れる点です。上記EPSと同じように基礎まわりで使われることも多く、防蟻性能をもたせた製品もあります。種類によって断熱性能が変わり、3種が最も性能がよく1種が低くなります。難燃剤が添加されているものの、元来燃える性質があるので火気に注意が必要です。

燃焼時に発生するガスの大部分は、炭酸ガスと水ですが、他に不完全燃焼による一酸化炭素や微量のポリスチレン燃焼生成物（炭化水素等）およびハロゲン化水素等の発生がみられるものの、生成ガス量自体は、同一体積の他の有機建材に比較して非常に少ないです。

デメリットは、グラスウールの2倍程度のコスト、火気に注意が必要なこと、紫外線や80度以上の温度で劣化すること、有機溶剤（アルコール類を除く）や石油類で溶けてしまうので、施工時の接着剤の選定に注意が必要なことなどが挙げられます。また、EPSとは違い、長期的に性能劣化が起こります。

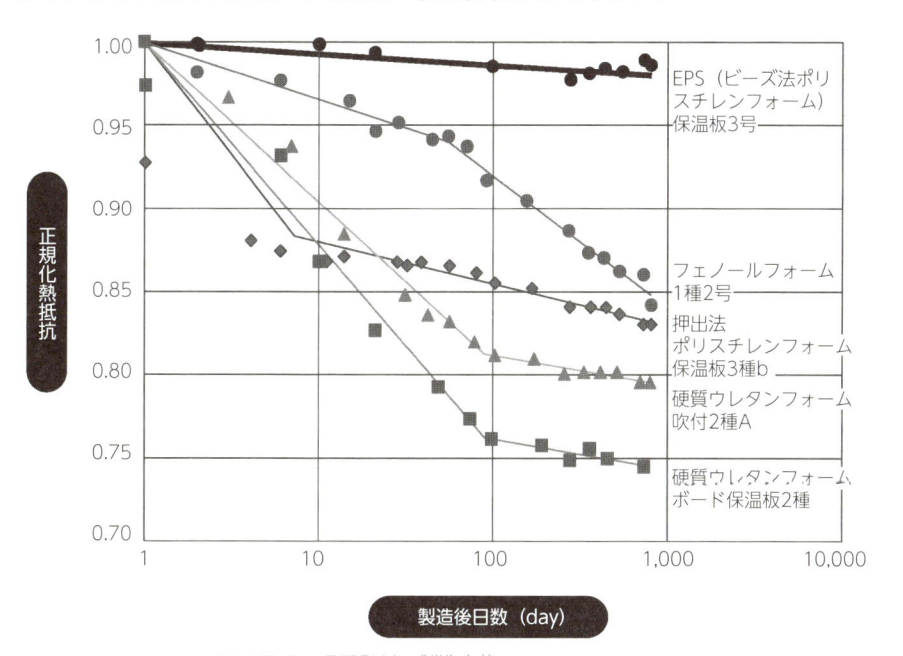

図1　発泡プラスチック断熱材の製造直後からの正規化熱抵抗の経時変化

（出典：発泡スチロール協会）

ボード系の断熱材では
押出法ポリスチレンフォームが
よく使われているでござる

23 硬質ウレタンフォーム
閉じ込めたガスが効く発泡プラスチック系断熱材

◉硬質ウレタンフォーム

　ポリイソシアネートとポリオールを主原料とする断熱材で、ボード状のものと吹き付けて使用する現場発泡のものとがあります。触媒、発泡剤（ノンフロン）、整泡剤などと一緒に混合し、泡化反応と樹脂化反応を起こさせることで作られる、均一なプラスチック発泡体です。メリットは、微細で独立した泡の集合体になっていて、この泡の中に熱を伝えにくいガスを封じ込めておくことで得られる高い断熱性能です。また、施工現場での発泡が容易で、他の材料と自己接着するため、現場発泡のタイプは複雑な形であっても隙間なく施工できます。現場では断熱層の隙間をふさぐものとして、スプレー缶タイプもよく使用されます。軽量であり耐水性や耐湿性にも優れます。難燃性のタイプもありますが、元来燃える性質があるので火気に注意が必要です。

　デメリットは、グラスウール比で 2.5 倍程度のコストがかかること、紫外線で劣化すること、施工時の接着剤の選定に注意が必要なことなどがあげられます。なお、硬質ウレタンフォームと金属との接触面に水が浸入すると腐蝕を起こす可能性がありますが、硬質ウレタンフォーム自体には金属を腐蝕させる性質はありません。種類によって断熱性能が変わる点にも注意が必要です。

◉フェノールフォーム

　フェノールフォームとは、フェノール樹脂を発泡させ、微細な気泡に高断熱ガスを密閉することで高い断熱性能をもつ断熱材です。メリットは、最も断熱性能が高く、断熱材の性能区分では最高等級であること、軽量であること、炎を当てると炭化する性質があり燃焼時の有毒ガス発生がないことなどです。断熱性能が一番高い（熱伝導率 0.020）ということは、厚さを一番薄くできることを意味していて、高性能グラスウール（熱伝導率 0.038）の半分程度の厚みで同じ性能を確保できます。特に厚みや重さに気を遣う外張り断熱でその威力を発揮します。

　デメリットは価格の高さです。グラスウールの 3 倍程度のコストがかかります。

常時湿った状態のところに使用するのは避ける必要があり、基礎外断熱など常時土に触れるような場所に使うことも避けましょう。他の発泡プラスチック系断熱材と比べると、弱点の少ない断熱材です。

図1　硬質ウレタンフォームの吹付け　その1

図2　硬質ウレタンフォームの吹付け　その2

24 充塡断熱
壁に断熱材を詰める

●充塡断熱

　充塡断熱は、読んで字の如く、壁に断熱材をつめる手法です。外壁部分の柱や間柱などの構造材や下地材の間に断熱材を入れます。断熱材については、グラスウールなどのようにシート状なっているものが一番多く採用されています。他には、スタイロフォームのようにボード状になっているものや、セルロースファイバーのように綿状になっている吹き込み材や、ウレタンなどによる吹き付け断熱材なども採用されます。昔から行われている手法で、壁断熱といえば充塡断熱を思い浮かべるのが普通です。これは日本に限らず、世界中で同じです。省エネ基準は当然として、等級5や等級6も、壁は充塡断熱で対応できます。外壁は面積が大きく、建物の断熱性能へ与える影響が大きいのは当然ですが、同時に壁の厚みは内部の居住空間や、外部の生活空間にも影響を与えます。そのため、より一層の性能が欲しくなったときには、安易に壁の厚みを増す方向ではなく、断熱材の密度を上げるなど、まずは施工方法に影響を与えない範囲で、性能アップを目指すのが筋の良い方法です。

●充塡断熱のメリット・デメリット

　メリットは、コストが安いこと、構造材の間を使うので面積効率が良いこと、施工性が良いことです。コストについては、主にグラスウールなどのシート状の断熱材を採用するときは、同じ性能を得ようとした場合のコストは最安です（16項）。また、基本的には上棟して外部の雨対策ができてから、内側から施工するので、施工性もよく、段取りも立てやすく、断熱材が雨で濡れるようなリスクも少ないです。

　デメリットは、構造材の間を使うので、形状が複雑だと入れにくくなり、取り合いの箇所や狭い場所、筋交いやコンセントまわりなど、複雑な形状の部分には、隙間なく綺麗に施工するのが難しいことです。内部結露については外張り断熱よりも不利になるので、確実な防湿工事が必要になります。また、より高性能を目指すときには、構造材の部分が熱橋となり、性能を高めにくいことなどが挙げられます。そのため、充塡断熱のときには、筋交いを使わずに耐力面材で耐震性を確保したり、

壁を真壁ではなく大壁仕上げとしたり、建物の複雑な形状を避けるなど、施工精度をあげられる設計を考慮する必要があります。

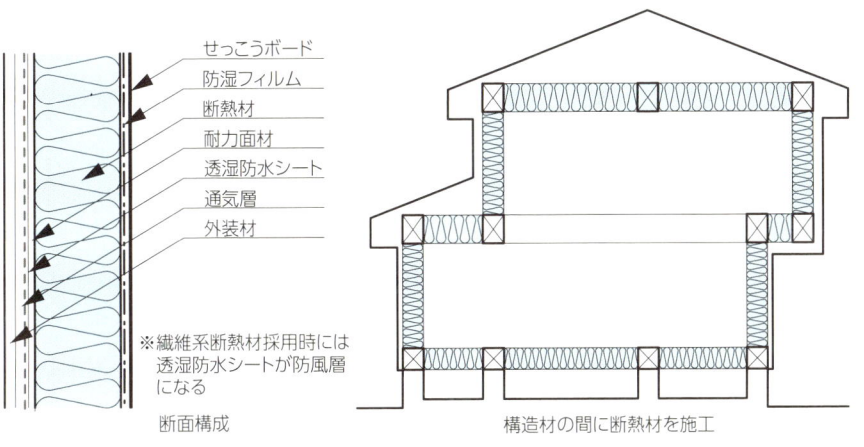

図1　充填断熱の基本構成

剛床仕様
(せっこうボードと構造用合板が気流止めになる)

根太仕様
(防湿フィルムが気流止めと気密層・防湿層を兼ねる)

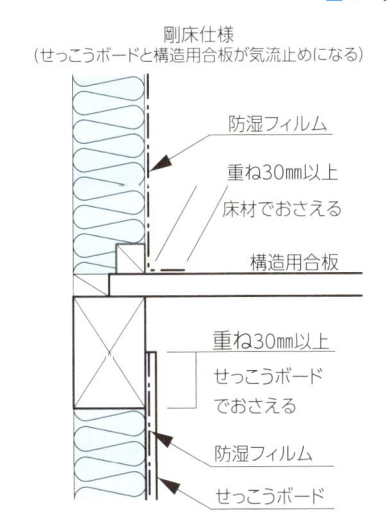
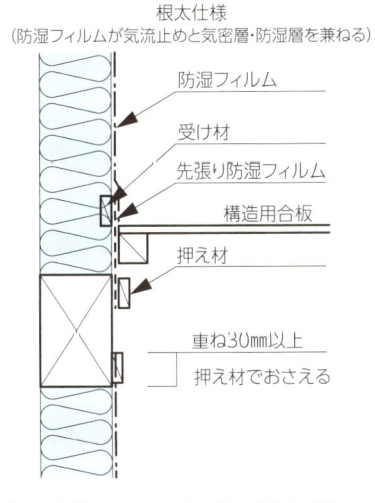

確実性が高く気密性能も高くなる。せっこうボードを胴差しまで張り上げることで防火構造にもできる方法

「先張り」防湿フィルムで気密層・防湿層を連続させる。施工難易度が高く、また気密性能を上げるのが難しい

図2　胴差周り

(出典:『住宅の省エネルギー設計と施工2023』国土交通省より作成)

55

25 外張り断熱
建物を外側からすっぽりと覆う

◉外張り断熱

　外張り断熱は、断熱材を柱などの構造材の外側に施工します。断熱材で外側から建物をすっぽりと覆うようなイメージです。主に発泡プラスチック系のボード状の断熱材が使われますが、グラスウールなど繊維系断熱材も使われます。充填断熱と同じく、省エネ基準は当然として、等級5や等級6にも対応できます。時折、外断熱と外張り断熱とは違うのかという話も出ますが、ざっくりと言ってしまえば、RC造のように構造躯体の蓄熱性を利用できるものを外断熱と言い、木造や鉄骨造のように構造躯体の蓄熱性能の期待できないものは外張り断熱と言います。実際には実務者のレベルでもそこまで正確に使い分けてはいないので、用語を正確に使うと表現が変わるのか程度の理解で良いです。木造の時も普通に外断熱と言っても通じます。

◉外張り断熱のメリット・デメリット

　メリットとしては、充填断熱のように筋交いやコンセントまわり、材同士の取り合い部などで複雑な形状になってしまうところがないため、施工精度が高くなること、気密性能が取りやすいこと、内部結露のリスクが低いこと、構造材を外側からすっぽりと包み込む形になるので、熱橋を少なくできることなどが挙げられます。

　デメリットとしては、コストが高いこと、外側に外壁が厚くなるので狭小地では施工スペースや外壁後退距離の確保に注意が必要なこと、外から施工するので天候の影響を受けやすいことなどが挙げられます。発泡プラスチック系の断熱材を採用した場合、水蒸気を通しにくいので、防湿層は絶対条件ではなくなりますが、水蒸気を逃がす通気性は必要です。また、基礎断熱になる部分をはじめ、土に接するような部分の断熱材はシロアリ対応品を採用したり、適切な蟻返しを設置するなど設計側で気を配りましょう。蟻返しは既製品も出始めました。シロアリ対策は一般の関心も高まっている部分でもありますので、積極的に採用したいところです。

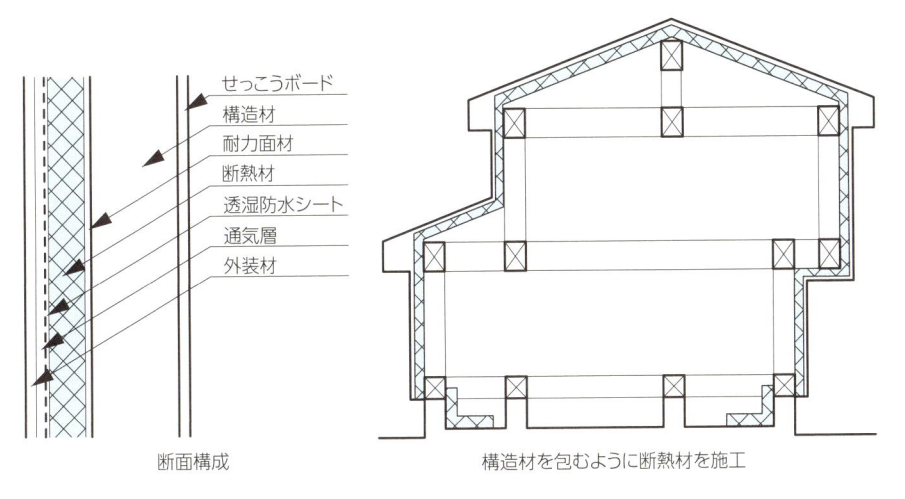

断面構成　　　　　　　　構造材を包むように断熱材を施工

図1　外張り断熱の基本構成

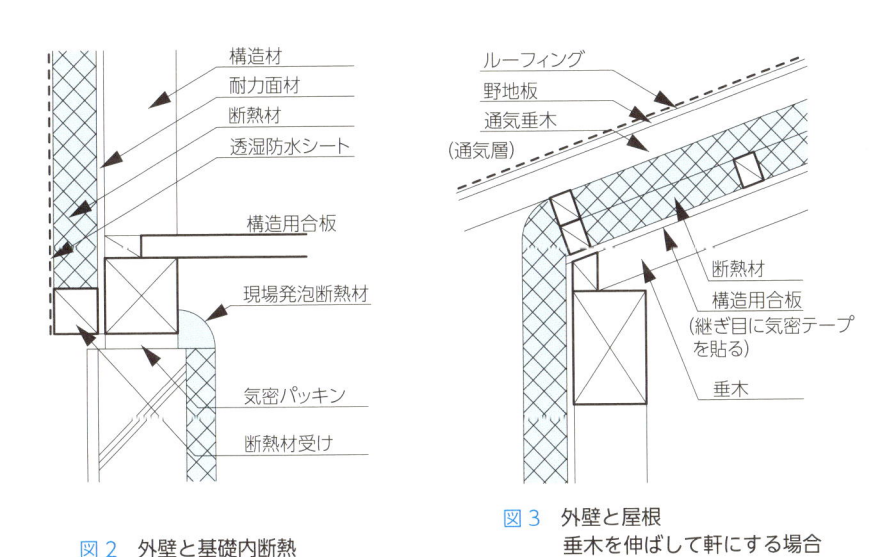

図2　外壁と基礎内断熱

**図3　外壁と屋根
垂木を伸ばして軒にする場合**

断熱材に透湿抵抗の高い(吸水性の低い)ボード状の発泡プラスチック系断熱材を使用し、防湿層を兼ねる断熱材の継ぎ目に気密テープを貼ることで、気密層と防湿層の連続性を確保する
(耐力面材や構造用合板が気流止めとなる)

(出典:『住宅の省エネルギー設計と施工 2023』国土交通省より作成)

26 付加断熱
充填断熱と外張り断熱の合わせ技

◉付加断熱　等級７を目指すなら避けては通れない

　付加断熱は、簡単に言えば充填断熱と外張り断熱との組み合わせです。より高い性能を満たすための合せ技一本という感じです。充填断熱の外側に断熱材を付加したとも言えるし、外張り断熱の内側に断熱材を付加したとも言えます。最も多い断熱材の組み合わせは、充填断熱に繊維系を、付加断熱にボード状の断熱材を使う方法です。壁厚をおさえるため、施工性を良くするために、外壁側に付加するボード系断熱材は、できるだけ性能の良いものを採用するのが一般的です。

◉付加断熱のメリット・デメリット

　一番のメリットは、高い断熱性能を実現できることです。北海道をはじめとした寒冷地（1 地域）を中心に取り入れられています。最近では温暖地域でも、より高い断熱性能を求めて採用されることが増えています。充填断熱と外張り断熱の弱点を、お互いに補完し合う形になりますが、恩恵を最大限に享受するためには、より一層、施工性を上げやすい設計が必要になります。

　デメリットは、コストがかかること、施工者にとって馴染みがなく敬遠されがちで施工数が限られること、外壁（屋根に付加断熱するときは屋根）が厚くなることです。外壁で考えると、面積が大きいので外壁の断熱性能が家全体の断熱性能へ与える影響も大きいです。そのため、建物の断熱性能を上げるためには、この外壁の性能を上げてあげることが近道のひとつです。これが外壁で付加断熱が採用されることが多い理由です。面積が多いということは、当然、お金がかかることも意味します。また、まだ温暖地では施工実績も少なく、少ないということはスケールメリットが生まれず費用対効果が低いことを意味します。実際の快適な生活を考えたときには、U_A 値などの数値も大切ですが、輻射熱が関与する仕上げの表面温度も大切なので（00 項）、個人的には、壁の付加断熱よりも、表面温度という点で一番不利な窓の性能を高めることをおすすめします。

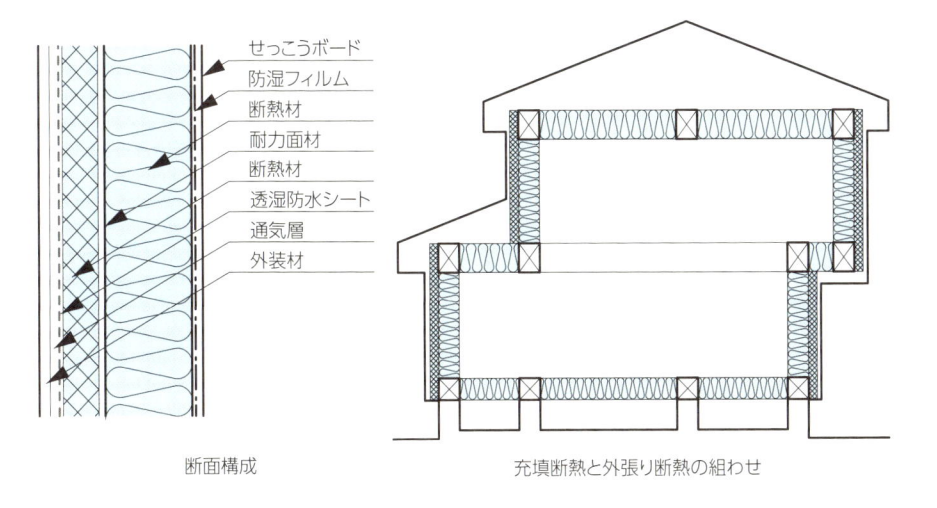

断面構成

充填断熱と外張り断熱の組合せ

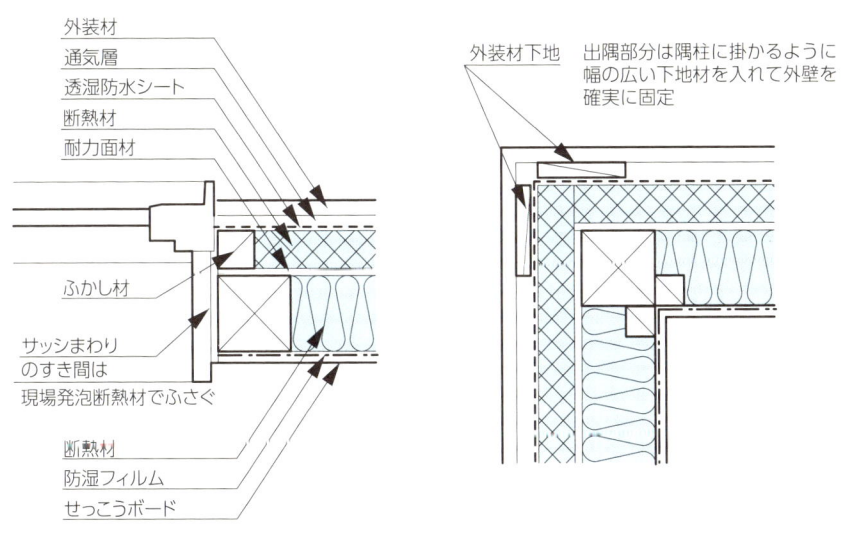

サッシは外張り断熱の断熱材の厚み分、
ふかして設置する

図1　付加断熱の基本構成

（出典：『住宅の省エネルギー設計と施工 2023』国土交通省より作成）

27 天井断熱の施工のディテール

●天井断熱のポイント

　天井断熱では、天井を先に施工すると壁の断熱施工が難しくなるので、壁の断熱工事を終えてから天井の野縁を組む段取りがポイントです。特に天井と下屋の取り合い部が問題を起こしやすく、断熱材の入れ忘れや気密層・防湿層が施工されていないなど散見されます。袋入りの繊維系断熱材を使うと、間仕切り壁との取り合い部や吊り木の周囲などは、防湿フィルムの耳の部分のタッカー止め施工が難しく、隙間を作らずに施工するのが困難です。裸のグラスウールを使って防湿シートを別張りする方がきれいに納まります。高断熱化するためには、2層3層と重ねての施

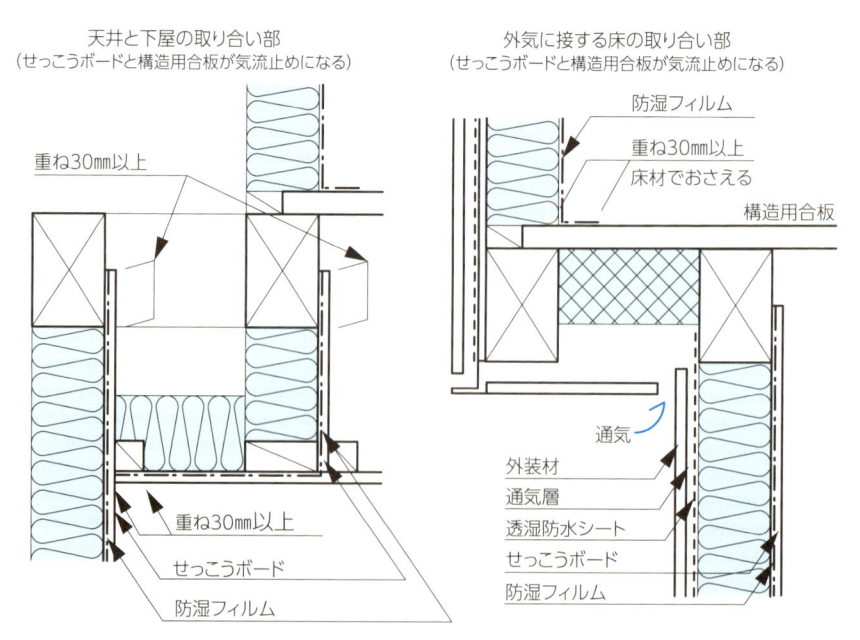

天井と下屋の取り合い部
（せっこうボードと構造用合板が気流止めになる）

重ね30mm以上

重ね30mm以上
せっこうボード
防湿フィルム

下がり壁部分も断熱層・気密層・防湿層は連続させ、せっこうボード等で気流止めをする

外気に接する床の取り合い部
（せっこうボードと構造用合板が気流止めになる）

防湿フィルム
重ね30mm以上
床材でおさえる
構造用合板

通気
外装材
通気層
透湿防水シート
せっこうボード
防湿フィルム

外気に接する床は、懐の軒天換気（通気）が取れていれば、防湿フィルムの施工を省略できる

工が必要になりますが、その場合は各層ごとに方向を変えて敷き込みます。もしくは吹込み（ブローイング）工法で対応するのも良いです。200mmを超えて施工するのであれば、イメージほどコストアップしません。

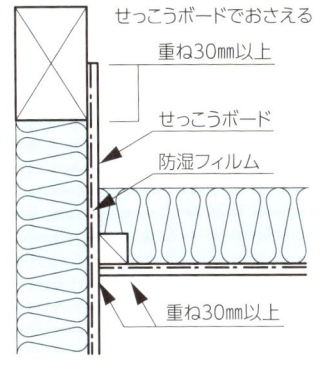

天井と外壁の取り合い部
せっこうボードで気密・防湿対策
（せっこうボードが気流止めになる）

せっこうボードを胴差しまで張り上げることで
防火構造にもできる方法

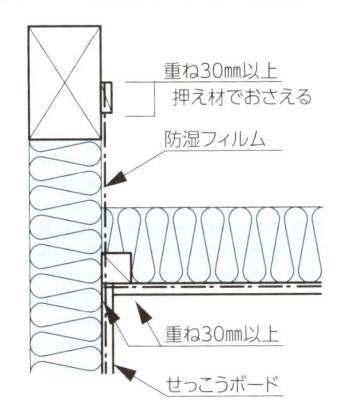

天井と外壁の取り合い部
防湿フィルムで気密・防湿対策
（防湿フィルムが気流止めと気密層を兼ねる）

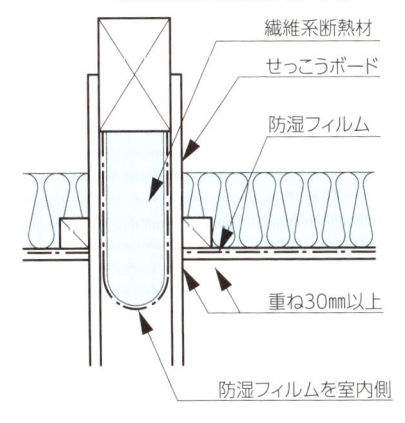

天井と間仕切り壁の取り合い部
（繊維系断熱材が気流止めになる）

4地域以南では繊維系断熱材を
気流止めとすることもできる

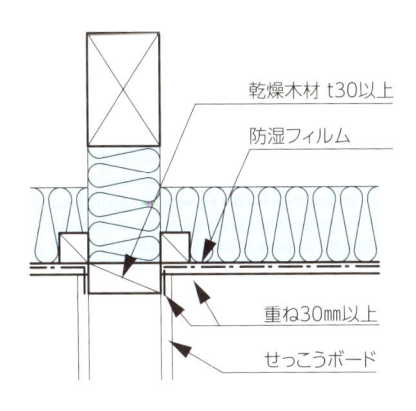

天井と間仕切り壁の取り合い部
（乾燥木材が気流止めになる）

厚30mm以上の木材であればファイヤーストップ材と
なるため、省令準耐火構造にも対応できる

（出典：『住宅の省エネルギー設計と施工 2023』国土交通省より作成）

28 屋根断熱の施工のディテール

●屋根断熱と桁上断熱

　屋根断熱の場合は屋根なりの室内空間となるので、勾配天井を意匠的に見せたり、小屋裏収納に利用できることが大きなメリットです。個人的には、屋根断熱の登り梁方式を採用しています。天井断熱よりも施工精度が上げやすく、登り梁に構造用合板を貼ることで水平構面となり、高い床倍率を設定できるためです。登り梁間への充填断熱と合わせ、外断熱を組み合わせることで、より一層の高断熱化も可能です。垂木間へ断熱材を充填する時に、押し込みすぎて通気層を塞いでしまうことと、面戸板（ころび止め）で通気層の入口を塞いでしまうことがよくある間違いです。屋根面は壁面よりも高温になるので、通気層の厚みを30mm以上確保しましょう。最近では、桁上断熱も行われます。桁レベルに構造用合板を張り、その上に断熱材

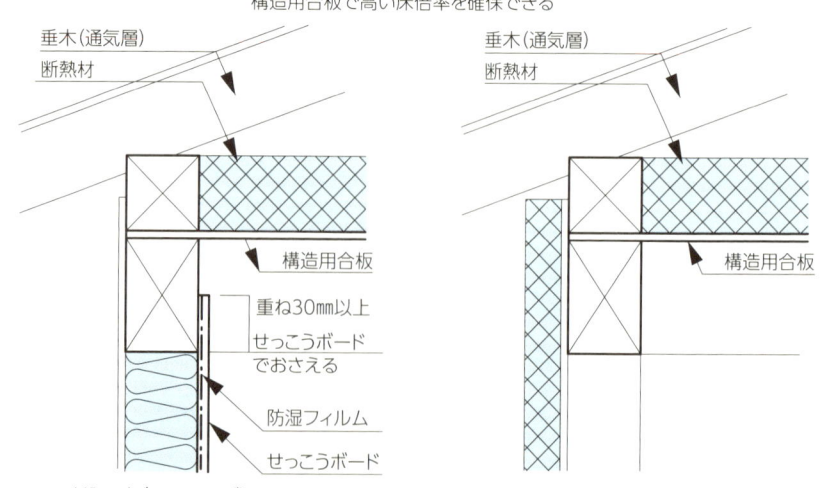

吹込み（ブローイング）工法で厚く断熱材を施工する時は、通気層を塞がないように注意
気密化の考え方は1階の床と同じ（構造用合板を下地のある部分で継ぐか実付のものを使う）
構造用合板の継ぎ目に気密テープを貼ることで、より一層の気密化ができる

を施工します。高い床倍率の水平構面を確保しつつ、天井断熱の施工の難しさと、複雑な屋根に対応するのが難しい屋根断熱のデメリットを解消しています。

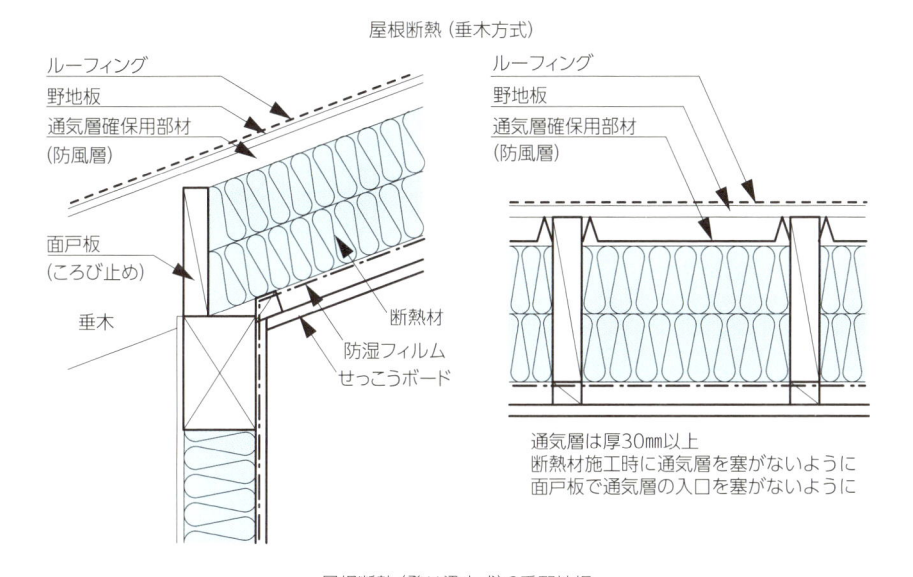

屋根断熱 (垂木方式)

通気層は厚30mm以上
断熱材施工時に通気層を塞がないように
面戸板で通気層の入口を塞がないように

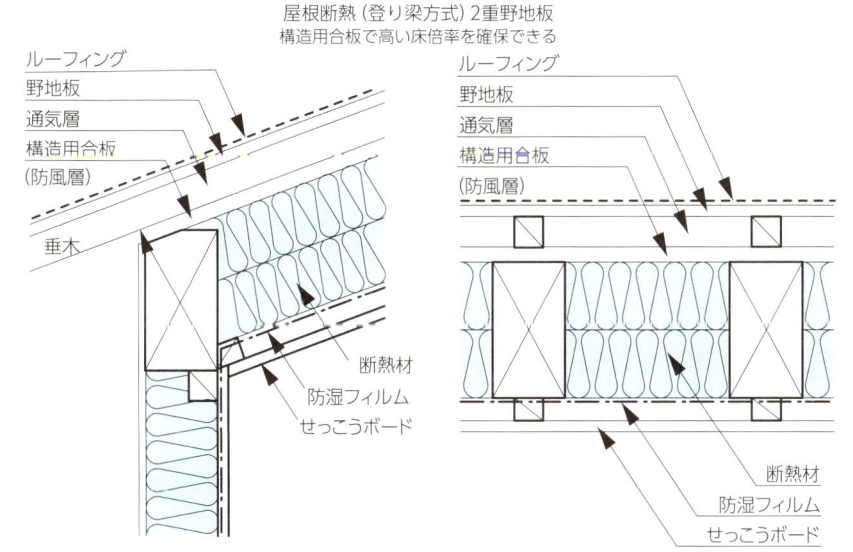

屋根断熱 (登り梁方式) 2重野地板
構造用合板で高い床倍率を確保できる

構造用合板の継ぎ目に気密テープを貼ることで、より一層の気密化ができる

(出典:『住宅の省エネルギー設計と施工2023』国土交通省より作成)

29 床断熱の施工のディテール

●床断熱　剛床と発泡プラスチック系断熱材で納めるのが基本

　床断熱をどれだけ精度高く施工できるかが、高気密化のカギであると同時に、暮らし心地にも大きな影響を与えます。室内では暖められた空気は軽くなり、浮力が働いて上方へ移動するので、冷たい空気が下方に吸い込まれてきます（煙突効果）。そのため、すき間があればどんどん冷たい外気が流入してきてしまいます。高気密化の流れの中で、床の作り方が構造用合板による剛床仕様（根太レス）が標準的になってきた理由のひとつは、剛床仕様の方が高気密化は可能だからです。従来の根太方式でも高気密化は十分に可能ですが、工法としてすき間ができやすいことは確かなので、高気密化を目指す場合は改正省エネ法のこのタイミングで剛床仕様へ舵を切っても良いと思います。床は断熱材を厚く施工するのが難しい部分でもあります。そのため同じ厚みでもより高性能な発泡プラスチック系断熱材で施工するのが

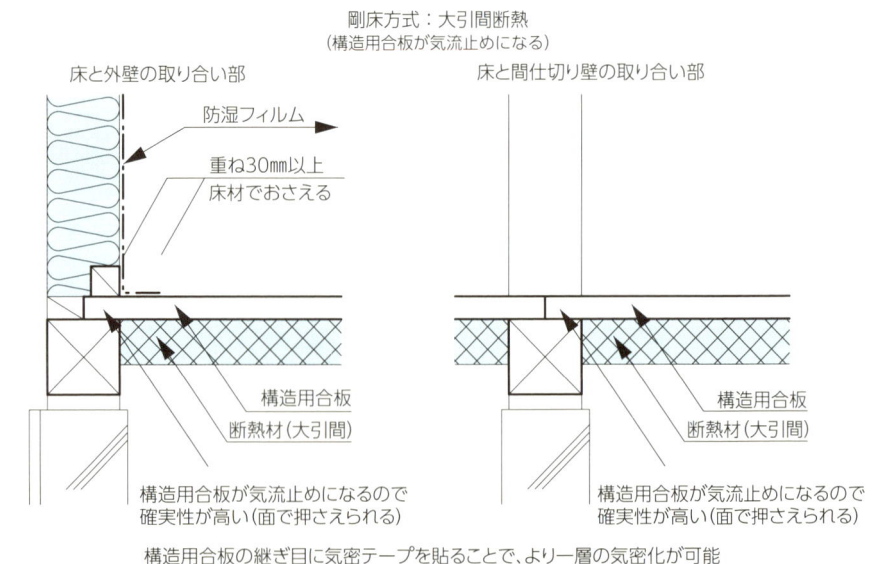

剛床方式：大引間断熱
（構造用合板が気流止めになる）

床と外壁の取り合い部　　　　　　　　　　　床と間仕切り壁の取り合い部

防湿フィルム

重ね30mm以上
床材でおさえる

構造用合板
断熱材(大引間)

構造用合板
断熱材(大引間)

構造用合板が気流止めになるので
確実性が高い(面で押さえられる)

構造用合板が気流止めになるので
確実性が高い(面で押さえられる)

構造用合板の継ぎ目に気密テープを貼ることで、より一層の気密化が可能

基本です。また、気密化で特に大切な1階の床に限って、設備や電気配線などの貫通孔が多いです。気密テープやコーキング材を使って隙間を埋めることも大切です。

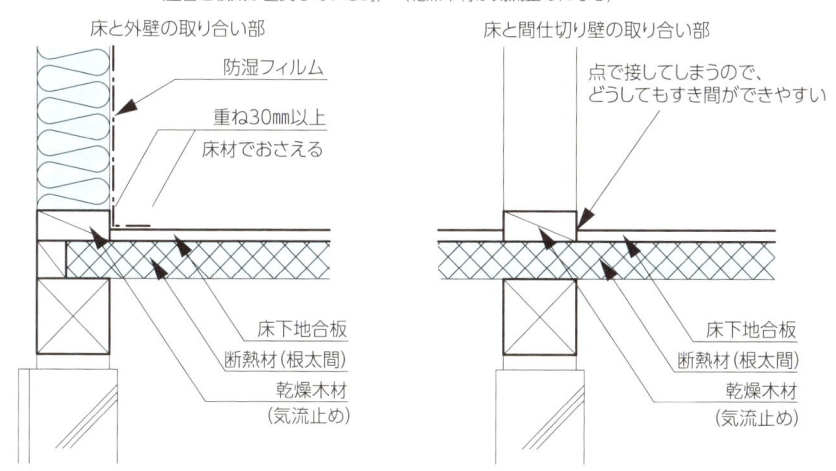

根太方式：根太間断熱
（土台と根太が直交している時）（乾燥木材が気流止めになる）

床と外壁の取り合い部 — 防湿フィルム / 重ね30mm以上 / 床材でおさえる / 床下地合板 / 断熱材（根太間）/ 乾燥木材（気流止め）

床と間仕切り壁の取り合い部 — 点で接してしまうので、どうしてもすき間ができやすい / 床下地合板 / 断熱材（根太間）/ 乾燥木材（気流止め）

床下地合板の継ぎ目に気密テープを貼ることで、より一層の気密化が可能

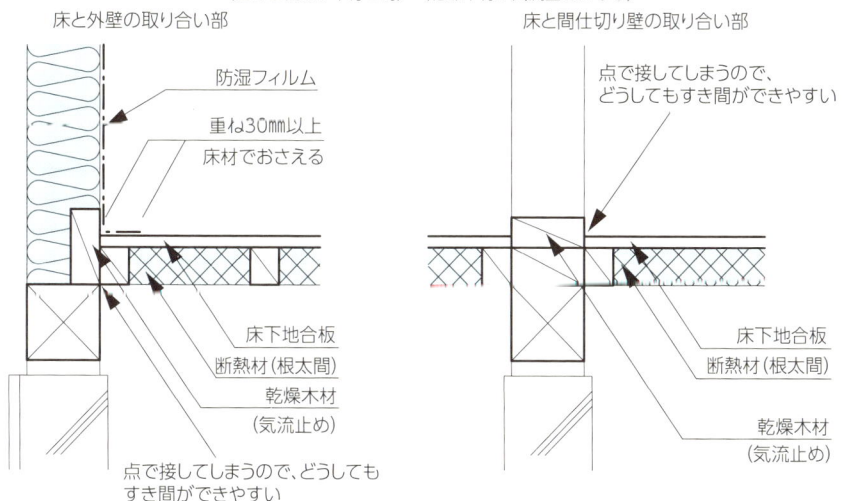

根太方式：根太間断熱
（土台と根太が平行の時）（乾燥木材が気流止めになる）

床と外壁の取り合い部 — 防湿フィルム / 重ね30mm以上 / 床材でおさえる / 床下地合板 / 断熱材（根太間）/ 乾燥木材（気流止め）/ 点で接してしまうので、どうしてもすき間ができやすい

床と間仕切り壁の取り合い部 — 点で接してしまうので、どうしてもすき間ができやすい / 床下地合板 / 断熱材（根太間）/ 乾燥木材（気流止め）

床下地合板の継ぎ目に気密テープを貼ることで、より一層の気密化が可能

（出典：『住宅の省エネルギー設計と施工 2023』国土交通省より作成）

4 断熱性能

30 基礎断熱と土間断熱の施工のディテール

● 床下は温熱的に室内なのか室外なのかで気密処理が変わる

　基礎断熱は、基礎外断熱と基礎内断熱があります。断熱材には、吸水性の小さい発泡プラスチック系断熱材（ボード状）を採用します。立ち上がり部分の断熱材は、あらかじめ型枠にセットしておいて同時打ち込みにするのが一般的です。後貼りとする時は接着剤で固定します。また、高さは基礎天端までとして、そこから上部は新たにボード系を貼るか、現場発泡タイプを吹き付けて断熱補強します。基礎断熱の場合は、床下を温熱的に室内空間として扱うので、基礎と土台の間には気密パッキンとしてすき間ができないようにするのがポイントです。ここを間違ってしまうと気密化できません。一般部が床断熱だったとしても、玄関土間やユニットバスまわりなどは基礎断熱とします。ユニットバスの床が断熱されていても、基礎断熱にすることが性能的に大切です。ユニットバスの区画だけでなく、隣の洗面脱衣室の区画と合わせて基礎断熱とすると、床下点検時やメンテナンス時に便利です。

　基礎外断熱の時は、シロアリ対策がポイントになります。断熱材の中や断熱材と基礎コンクリートの間をシロアリが通って、土台や柱を食害する被害が出ています。そのため、防蟻性のある断熱材を採用するか、アリ返しのついた気密パッキンの既製品があるので採用します。また植栽にも注意が必要です。地中に伸びる根や気根（壁面に付着するための根）などの影響もあるので、基礎まわりには植栽をしないようにします。

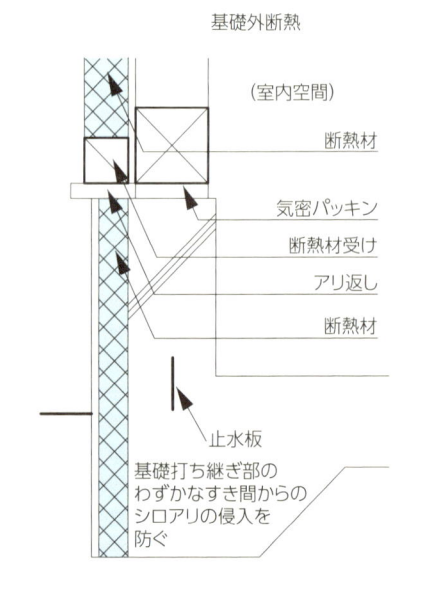

基礎外断熱

（室内空間）

断熱材

気密パッキン

断熱材受け

アリ返し

断熱材

止水板

基礎打ち継ぎ部の
わずかなすき間からの
シロアリの侵入を
防ぐ

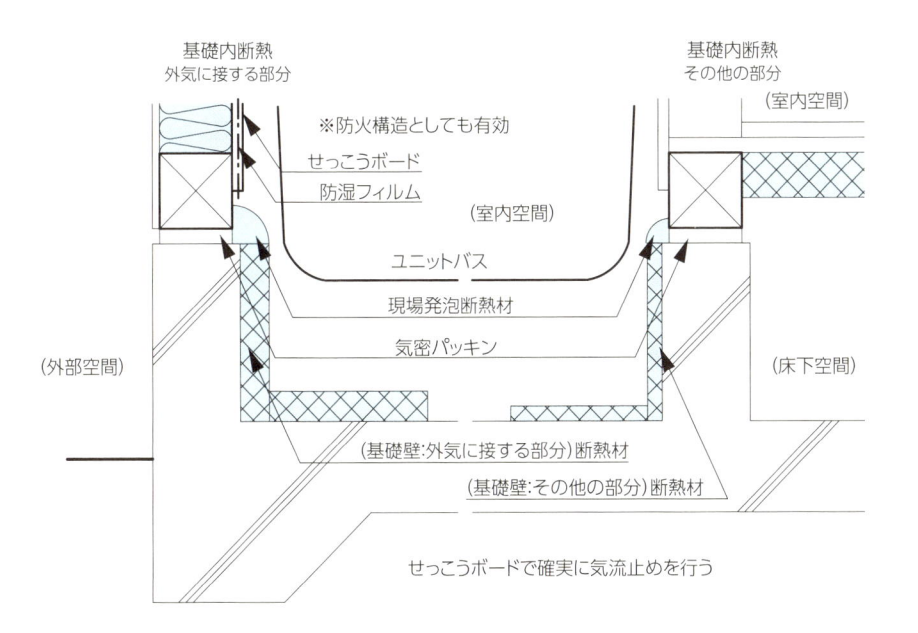

せっこうボードで確実に気流止めを行う

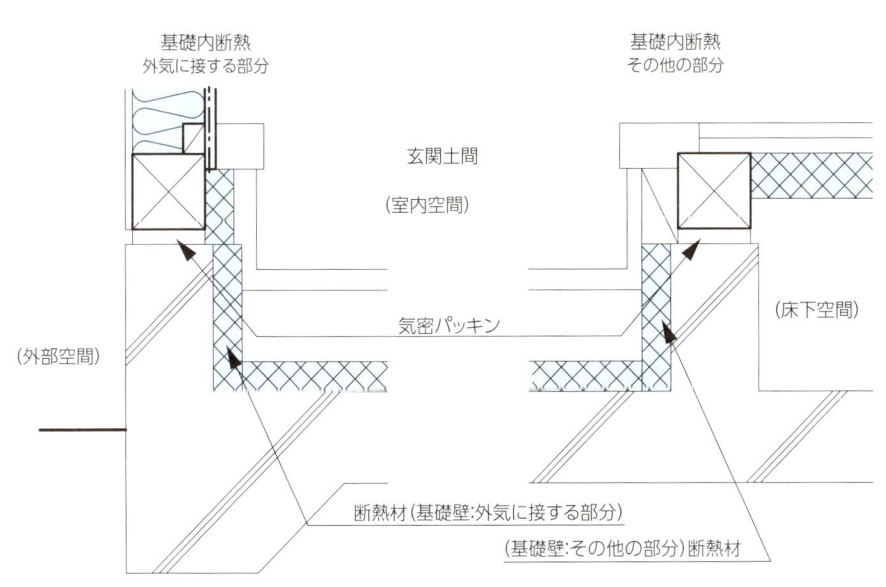

※必要とされる断熱材の厚みは外気に接する部分とその他の部分で違うが、この図のように同じ厚みで施工しても良い

(出典：『住宅の省エネルギー設計と施工 2023』国土交通省より作成)

31 「きれいな」施工が、断熱性能に影響を与える

◉断熱材のきれいな施工＝断熱性能アップ

　先の 11 項でも触れましたが、施工精度は断熱性能に影響を与えます。そこの表中の数値は、あくまで壁内に通気が起きてしまった時の数値であって、壁内気流がなければここまでの数値にはなりませんが、施工精度による性能差は確かにあります。絵に描いたようなきれいな施工がされればされるほど、断熱性能はカタログ値を正確に反映します。つまり、一般的に世間で行われている断熱工事のレベルに対して、断熱材をきれいに施工することは、断熱性能が UP するのと同じ意味を持ちます。

　断熱性能が義務化されることによる世間一般の意識の高まりや、昨今のエネルギーコスト上昇局面では、たとえわずかでも光熱費は安くおさえたいと思うのが自然です。断熱性能は光熱費に影響を与えるので、断熱工事への視線が厳しくなってくるのも自然です。例えば、スマートフォン用赤外線カメラ FLIR ONE Pro で、お施主様が現場の断熱工事の精度を確認しに来ることも増えるでしょう。見えなくなる部分だけれども、きれいな施工を心掛けたいところです。

◉専門業者による施工のきれいさ

　専門業者による断熱工事の綺麗さは、一般の方が見ても一目瞭然です（図1、図2）。複雑な形状への対応や、配線や配管の貫通部、コンセントボックスやサッシ周りの処理、防湿シートの施工など、丁寧さや確実性、精度も間違いなく高いです。施工日数も短く済みます。セルロースファイバーなどの吹込みやウレタンの吹き付け断熱などは、元から専門業者による責任施工だと思いますが、グラスウールなどの断熱材でも断熱工事の専門業者へ外注も検討してみましょう。もちろんコストや現場段取りの問題もあるので、毎回、外注とはできないと思いますが、実際に完成度の高い施工を見ることで、現場の職人さんたちの意識を高める効果もあります。その後の断熱工事の完成度に、間違いなく差が出てくるはずです。

● お施主様は断熱工事のきれいさをどう見るのか

　お施主様は、断熱工事のきれいさを当然、気にしています。誰でも自分の家についてはできるだけきれいな方が良いと考えるのが普通です。断熱工事は施工後、引き渡し後は見えなくなりますが、壁にも屋根（天井）にも床にも全面に施工されるので、現場で見たときには圧倒的な存在感があります。この部分の施工レベルは強い印象を与えます。そのため、他の見えなくなる部分の施工のきれいさについても、この断熱工事のきれいさとリンクしていると考えます。きれいさは正義です。

図1　断熱工事完了（別張り防湿シート）

図2　気密コンセントボックス
　　　周りの処理

図3　断熱工事（防湿シートを張る前）

きれいな施工は
性能も高くなる

32 サッシは 4 種類
アルミ、樹脂、アルミ・樹脂複合、木製

◉サッシはアルミ、樹脂、複合、木製の 4 種類

　サッシと言うと一般的に「枠」の種類のことを言っています。アルミサッシ、複合（アルミ樹脂複合）サッシ、樹脂サッシ、木製サッシが基本の 4 種類です。断熱性能は、アルミ＜複合＜樹脂＜木製となり、アルミが断熱性能は低く、木製が高くなります。窓の断熱性能は、熱貫流率（U 値）で表わし、この値が小さいほど熱を伝えにくいので、高性能になります。当然、高性能になればコストも高くなります。

◉アルミサッシ

　文字通り、アルミでできたサッシのことで、これまで一般的に使われてきたものです。メリットは、素材がアルミなので加工しやすいこと、軽いこと、サビにくいこと、コストが安いことが挙げられます。デメリットは、熱を伝えやすいため断熱性能が低いこと、結露を起こすことが挙げられます。単に素材の熱伝導率だけで言えば、樹脂（塩化ビニル）よりも約 1,200 倍も熱を伝えてしまいます。

◉樹脂サッシ

　樹脂サッシは、私たちの身の回りにある洗濯バサミやバケツのような一般的なプラスチックとは違い、塩化ビニル（PVC）で作られていて、劣化しにくく強度もあり、耐久性にも優れています。アルミサッシと比べると耐久性に問題があるという話もありますが、まったくの誤解であり、実際には日本では 30 年以上前から採用されています。メーカーの試験では、30 年前たってもあまり劣化していません。北欧と日本を除いた先進国では、60％を超える採用率であり、樹脂サッシが世界標準です。メリットは、断熱性能が高いこと、結露がほとんどしないこと、気密性が高いことが挙げられます。デメリットは重さとコストです。しかし、高断熱化が求められる状況では、樹脂サッシのコストは必要なコストと考えられ、デメリットには当たらないと思います。個人的におすすめするサッシです。

◉複合サッシ（アルミ樹脂複合サッシ）

　アルミサッシの弱点である断熱性の低さや結露のしやすさに対処するために登場

したサッシです。室外側には、サビにくく耐久性の高いアルミを、室内側には熱伝導が低くく断熱性に優れた樹脂を採用しています。アルミサッシよりは断熱性が高いですが、やはり結露はしてしまいます。アルミサッシに対してコスト差があまりなく、断熱性や結露防止にある程度ですが対応できるので、現在では一番採用されています。

◉木製サッシ

木製サッシは、天然素材ならではの温もりや心地よさが感じられるだけでなく、高いデザイン性ももたらします。断熱性能も高く、結露もほとんどしないので、メリットだらけです。デメリットは、サッシの中では一番高コストなこと、約3〜5年ごとに塗装し直すなどメンテナンスが必要なことなどがあります。メンテナンスの手間を軽減するために、外部の木部を金属などでカバーしたものもあります。木製サッシを採用する場合は、特にこのメンテナンス部分への理解が必要ですし、庇などを設けて直接に雨掛かりにしないなど、設計でも気を付ける必要があります。

表1　サッシの種類一覧

種類	木製サッシ	樹脂サッシ	複合サッシ (アルミ＋樹脂)	アルミサッシ
性能目安 U値 W/㎡·K	1.9 以下	1.9 以下	2.33 以下	4.65 以下
結露	ほぼなし	うっすら湿る程度	水滴がつく	結露水が枠に溜まる 拭き掃除が必要
開閉のしやすさ	× 重い	△ 重い	○	○
気密性	○	○	△	△
遮音性	○	○	△	△
施工性	× 重い、納まり注意	△ 重い	○	○
メンテナンス性	× 再塗装など 防腐対策が必要	△ ガラス掃除が 大変なタイプあり	○	○
窓の種類の豊富さ	×	△	○	○
コスト	×	△	○	○

33 ガラス性能の３つのポイント
ペア、トリプル、Low-E

◉一見同じに感じてもガラスには性能差がある

　２枚のガラスの間に乾燥空気を封入して断熱性能を高めたガラスをペアガラスといいます。考え方としては、二重ガラスコップや二重構造のタンブラーと同じです。間に空気層がはさまることで、断熱性能が高まります。熱さや冷たさも伝わりにくくなるし、結露もしにくくなるのが、イメージしやすくなると思います。

　このガラスの１枚に、熱の伝わりを抑える特殊な金属膜をコーティングしたLow-Eガラスを採用したものを、Low-Eペアガラスと言います。Low-Eペアガラスには、金属膜を室内側のガラスに採用した「日射取得型」と、室外側のガラスに採用した「日射遮蔽型」の２種類があります。さらにガラスの間の空気層に、乾燥空気よりも断熱性能に優れたアルゴンガスを封入して、より性能を高めたタイプもあります。また、ガラスとガラスの間にスペーサーがありますが、これもアルミのものと樹脂のものがあり性能が違います。樹脂の方が性能は高くなります。

　３枚のガラスと２層の空気層でできているガラスをトリプルガラスといいます。ペアガラスよりも空気層が多くなるため、さらに断熱性能が高くなります。二重ガラスコップや二重構造のタンブラーを、さらに空気層で包み込むわけで、効果の大きさもイメージしやすいと思います。このトリプルガラスの室外側と室内側の２枚のガラスにLow-Eガラスを採用したタイプ、２層の空気層にアルゴンガスを封入したタイプなどがあります。

　ガラスの枚数やLow-Eのあるなし、アルゴンガスのあるなし、スペーサーの種類などで性能が違ってきます。図２にまとめてみました。通常のペアガラスの熱貫流率（U値）が3.3に対して、Low-Eペアガラス・アルゴンガス入り・日射遮蔽型が1.3なので、約2.5倍の性能差があります。トリプルガラス・ダブルLow-E・アルゴンガス入りで0.8と、通常のペアガラスに対して約４倍、Low-Eペアガラス・アルゴンガス入り・日射遮蔽型に対して、約1.6倍の性能差があります。日射取得率を見ても、順に0.8・0.4・0.3なので、Low-Eペアガラス・アルゴンガス入り・

日射遮蔽型のガラスは、通常のペアガラスの1／2しか日射熱を通しません。組み合わせがたくさんありますが、それぞれ性能差が出る点に注意しましょう。使われることは少ないですが、より性能の高い真空ガラスもあります。

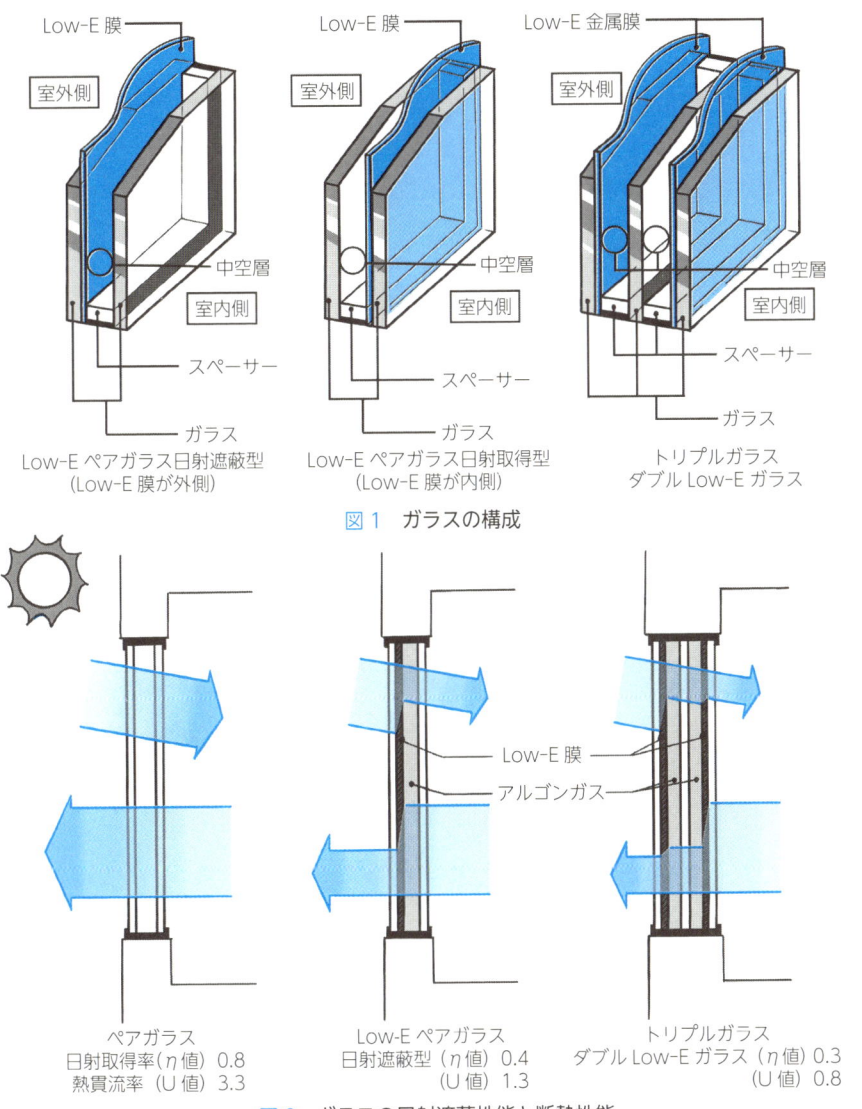

Low-E 膜　室外側　中空層　室内側　スペーサー　ガラス
Low-E ペアガラス日射遮蔽型
（Low-E 膜が外側）

Low-E 膜　室外側　中空層　室内側　スペーサー　ガラス
Low-E ペアガラス日射取得型
（Low-E 膜が内側）

Low-E 金属膜　室外側　中空層　室内側　スペーサー　ガラス
トリプルガラス
ダブル Low-E ガラス

図1　ガラスの構成

Low-E 膜　アルゴンガス

ペアガラス
日射取得率（η値）0.8
熱貫流率（U値）3.3

Low-E ペアガラス
日射遮蔽型（η値）0.4
（U値）1.3

トリプルガラス
ダブル Low-E ガラス（η値）0.3
（U値）0.8

図2　ガラスの日射遮蔽性能と断熱性能

（出典：図1、図2ともに旭硝子『板ガラス建材総合カタログ商品編』より作成）

34 防犯ガラスと防火ガラス
金網やフィルムを挟み込む

◉防犯ガラス

　防犯対策のために、2枚のガラスの間に樹脂製の特殊フィルムを挟み込んだガラスです（図3）。フィルムを挟み込むことで、破壊されにくくなり、こじ破りなどの手口に対して有効です。特殊フィルムの厚さは30mil（0.76mm）が標準ですが、より防犯性の高い60milや90milなどもあります。防犯シャッターを設置できない窓の防犯対策に有効です。また、フィルムのおかげで万一の飛来物なども貫通しにくいだけでなく、フィルムとガラスとは加熱接着されているため、万が一ガラスが割れた場合でも、破片が飛散しにくくもなっているので、台風対策にもなります。他には、フィルムが紫外線を99％以上カットしてくれるので、肌の日焼けや、家具の色褪せなども防いでくれます。デメリットは、コストがかかること、ガラスの重量が増えるので操作が重くなったり、窓の大きさ（ガラスの大きさ）の重量制限を受けて希望する大きさの窓にできない可能性があること、観葉植物の生育に影響が出るかもしれないことなどです。断熱性能面への懸念としては、合わせガラスなので1枚分のガラスの厚みが増すため、サッシのガラス溝の制限内に納めようとすると、空気層の厚みが薄くなり、断熱性能が下がる可能性があるので、事前確認をするなど注意が必要です。

◉防火ガラス　網入りガラスと耐熱強化ガラス

　防火ガラスで一般的なものは網入りガラスです（図2）。ガラスに金網が入っていることで、火災時にガラスが割れても破片が飛び散りにくく、火の粉の侵入や延焼を防ぐ効果があります。よくある誤解ですが、この網に防犯効果はありません。網入りガラスのデメリットに、熱割れしやすいことがあります。これは日光などによってガラスの部分とワイヤーの部分とで温度が大きく変わり、膨張率の差が出ることで割れてしまう現象です。また、経年劣化でワイヤーが錆びることでも割れは発生します。熱割れを防ぐためには、ガラス自体にフィルムを貼ったり、クッションやぬいぐるみなどをくっつけて置いたり、エアコンの風を直接当てないようにし

たりと、ちょっとした気遣いが必要です。それでも完全には防げません。網入りガラスの宿命のようなものです。

　防火ガラスとして知られているもうひとつが、耐熱強化ガラスです（図1）。こちらは網がないガラスです。普通のガラスに特殊なエッジ加工と超強化処理をしたものです。そのため普通のガラスよりも強度があり、割れにくいだけでなく、万が一割れても、破片は細かい粒状になるので安全性が高いです。デメリットとして、網入りガラスよりもコストがかかること、網入りガラスと同様に防犯性はないことが挙げられます。

　網入りガラスでも耐熱強化ガラスでも、防犯ガラスと同様にガラスの重量が増すので、大きな窓を使いたいときには、事前にガラスの重量制限をチェックしておきましょう。ガラスの厚みが増すことで、空気層の厚みが薄くなってしまい、断熱性能が下がる可能性があるのも、防犯ガラスと同じ注意点です。

　防火ガラスは、実際には防火サッシ（網入りガラス）の仕様でまず検討すると思います。それでも通常のサッシに比べて1.5倍はコストアップするでしょうから、なかなか耐熱強化ガラスの採用まで出来ないかもしれません。コストアップさせずに透明ガラスにこだわりたいときは、防火シャッター付きサッシを検討するのも1つの手です。防火対応はシャッターの方でできるので、サッシ自体は通常のサッシを採用できます。特に引き違いなど大きなサッシでは有効な方法です。

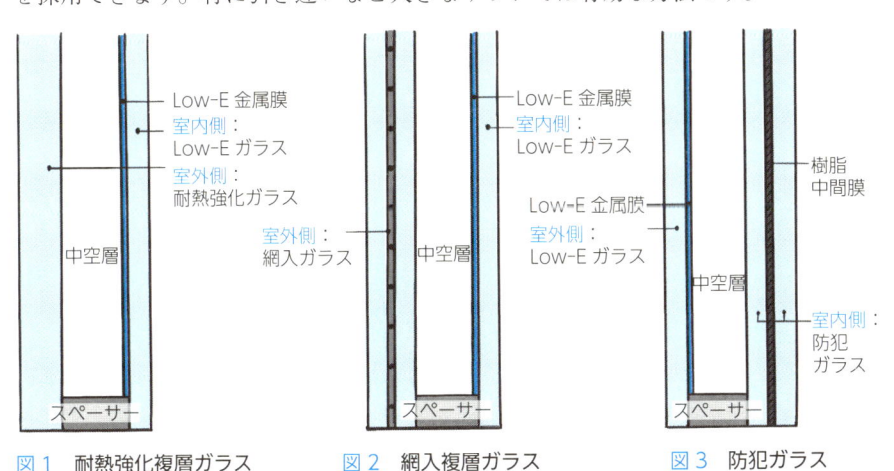

図1　耐熱強化複層ガラス　　図2　網入複層ガラス　　図3　防犯ガラス

（出典：YKK AP 商品カタログより作成）

35 玄関ドアと玄関引き戸
選択の目安は「D2・D4」「k2・k4」

◉玄関ドア、玄関引戸も窓と同じように性能差がある

　玄関ドアや玄関引戸は「枠」と「戸」で構成され、それぞれどういった作られ方をしているかで性能が変わります。ガラスが嵌っているものであれば、そのガラスの種類も性能に影響します。窓と同じように玄関ドアからもたくさんの熱の出入りがあるで、断熱性能を考えるうえで、大切なポイントの1つです。サッシも玄関ドアも住宅の開口部のひとつなのですが、そもそも玄関が冷暖房機器のある部屋から区切られていることが多く、熱的に不利な状況になりがちです。加えて床は土間床なので、断熱性能的にも弱い部分です。そのため玄関ドアの断熱性能が低いと、暑さ寒さを他の部屋より余計に感じることになるので、適当に考えてはいけません。

　「枠」は「金属製」＜「金属製熱遮断構造」の順に断熱性能が良くなり、「戸」は「金属製フラッシュ構造」＜「金属製断熱フラッシュ構造」＜「金属製高断熱フラッシュ構造」の順に良くなります。これ以外に木製もあります。ガラスについても、通常のガラスからLow-Eガラス、アルゴンガスを封入したトリプルガラスまであります。忘れがちですが、ガラスがあるということは、開口部の熱貫流率だけでなく、開口部の日射熱取得率の影響も受けます。

◉選択の目安は「D2・D4」「k2・k4」でわかる

　玄関ドアのカタログをみると「D2・D4」「k2・k4」という表記があります。この2つはほぼ同じ意味で、メーカーで表記が違っているだけです。玄関ドアは枠や戸の部分の構成だけでなく、ガラスの有無など組み合わせで性能が変わるため、メーカーの方でこうした基準を設けて、選択しやすくしています。数字の小さいD2やk2の方が性能は良いです。数値でいうと、熱貫流率2.33以下となるのがD2やk2です。そのため、ZEHや長期優良住宅のレベルや、仕様規定の誘導基準のレベルを実現するためには、D2やk2を選択する必要があります。先にも触れましたが、玄関は熱的には不利になりがちなので、ガラス無し＋D2・k2仕様の採用がおすすめです。

●開き方が性能に与える影響

　開き方も断熱性能に影響を与えます。開き戸の方が性能は良いです。親子ドアや袖付きの引戸は、壁の部分が減るので1枚のドアや引戸より、家全体で考えたときの性能が落ちます。また、気密性という意味でも、ドアのほうが優れます。ここで注意しておきたいのは、有効開口幅です。性能だけを考えると小さいほうが良いのですが、玄関ですので、大きなものの運び入れもあると思います。他の窓から搬出入が可能であれば問題ありませんが、例えば敷地状況で他の掃き出し窓まで迂回できなかったり、2階リビングのプランで1階に掃き出し窓がなかったりすることも考えられます。その場合には、どうしても親子ドアなどの採用が必要なこともあると思うので、利用実態についても事前に確認しておきましょう。

表1　玄関ドア、玄関引戸の性能一覧

ドア仕様	選択基準	熱貫流率 U値（㎡・K）	枠と戸の仕様	コスト
高断熱仕様	等級6以上	k2／D2より高性能	枠：複合材料製 　　（樹脂製枠） 戸：金属製高断熱フラッシュ構造 　　（ドア厚60㎜以上の高断熱仕様）	1.8
k2／D2	等級5〜等級6 仕様基準の誘導基準 長期優良住宅 ZEH水準	2.33以下	枠：金属製熱遮断構造 　　（樹脂による断熱補強） 戸：金属製断熱フラッシュ構造 　　（樹脂による断熱補強）	1.1
k4／D4	等級4 仕様基準の義務基準	4.07以下	枠：金属製またはその他 戸：金属製フラッシュ構造	1

注1　K：リクシル、三協アルミ、D：YKKAPで使われている
注2　玄関ドアの場合も「自己適合宣言書」の数値を採用する（36項参照）

（出典：国土交通省『住宅の省エネルギー設計と施工2023』より作成）

玄関は温熱的に
寒くなる場所なので
k2／D2仕様を選択しよう。
kとDは扱うメーカーの
違いでござる

36 熱貫流率は、製品の「自己適合宣言書」の数値を使うとお得

◉自己適合宣言書による数値を計算では使う

　開口部の性能値であり熱貫流率や日射熱取得率については、2つの数値がありま
す。建具とガラスの仕様から決まる数値と、メーカーが試験することで自己適合宣
言した数値です。自己適合宣言した数値のほうが優れた値になっています。同じ製
品なのですが、どちらの数値を使うかで、計算結果が変わります。変わるのであれ
ば当然、有利な方を使いましょう。メーカーの業務用カタログには、試験・計算に
よる熱貫流率として、仕様から決まるものと併記されるようになりました。この有
利な数値を使うための条件は、申請時にメーカーの自己適合宣言書の添付が必要に
なるだけです。カタログに記載されるようになったので、該当するカタログページ
のコピーでも対応してくれる申請機関もあると思いますので、事前に確認すると良
いと思います。実際に宣言書の入手が必要な場合は、メーカーのホームページや、
住宅性能評価・表示協会運営の「温熱・省エネ設備機器等ポータルサイト」で調べ
ることができます。

◉自己適合宣言書による数値はどのくらい良いのか

　実際に数値を見比べてみたいと思います（表1、2）。YKKAP の樹脂窓 APW330
の引き違い窓で比べてみます。構成は、W1870 以下の2枚建、透明ガラス 3mm＋空
気層 16mm＋透明ガラス 3mm の Low-E 複層ガラス・アルゴンガス入り・樹脂スペー
サー、Low-E ガラスは遮熱ブルー、付属部材無しとします。まず仕様から決まる
数値の方ですが、建具の仕様は樹脂製建具、ガラスの仕様は Low-E 複層ガラス、
中空層の仕様はガスの封入ありで厚 10mm 以上とした場合、開口部の熱貫流率は
「2.15」、開口部の日射熱取得率は「0.29」です。これが自己適合宣言書の数値にな
ると熱貫流率「1.36」、日射熱取得率は「0.28」になります。熱貫流率の差は、見過
ごせるものではありません。同じ仕様のたてすべり出し窓で比べると、仕様から決
まる数値は同じですが、自己適合宣言書の数値は、熱貫流率「1.31」、日射熱取得
率「0.28」となります。これを使わない手はありません。

仕様によるものは簡単に数値がわかるので、申請時の手間は少ないです。逆に自己適合宣言書の方は、ガラスの種類が透明ガラスなのか型ガラスなのか合わせガラスなのか、ガラスの厚みや空気層の厚み、スペーサーがアルミなのか樹脂なのか、窓種は何なのかなど、これらの組み合わせで数値が違ってきます。それをひとつひとつの開口部について調べていくので、手間が相当にかかるのは確かです。これまでは金利の優遇を受けるためや補助金をもらうために一定の数値をクリアできていれば良いということで、手間のかからない計算で十分という判断もあったと思います。しかし、これからは建物一棟一棟に対して数値を明示する時代になります。同じ建物で、計算方法の違いだけで数値が変わってしまうというのは、おかしいです。決してズルをするわけではないので、適切な数値を住まい手に提示して、正しい評価を受けましょう。

表1　ガラス構成ごとの開口部の熱貫流率区分・開口部の日射熱取得率

			アルゴンガス入り			
			一般ガラス			
			透明			
ガラス構成		室外ガラス厚	3	4	5	5
		中空層厚	16	14	14	12
		室内ガラス厚	3	4	3	5
熱貫流立区分	Low-E	遮熱ブルー	①	①	①	②
		ブルー	①	①	①	②
		ブロンズ	①	①	①	②
		ニュートラル	①	①	①	②
日射熱取得率	Low-E	遮熱ブルー	0.28	0.29	0.28	0.29
		ブルー	0.32	0.34	0.32	0.34
		ブロンズ	0.31	0.31	0.31	0.30
		ニュートラル	0.45	0.43	0.44	0.43

表2　開口部の熱貫流率　性能一覧

		樹脂スペーサー仕様			
		開口部の熱貫流率 [W/㎡K]			
区分記号	ガラスの中央部の熱貫流率 (W/㎡K)	付属部材無し	シャッター又は雨戸あり	障子あり	風除室あり
①	1.2 以下	1.36	1.28	1.23	1.20
②	1.3 以下	1.42	1.34	1.28	1.25
③	1.4 以下	1.58	1.48	1.41	1.37
④	1.5 以下	1.84	1.70	1.62	1.56
⑤	1.6 以下	1.91	1.76	1.67	1.61
⑥	1.7 以下	1.92	1.77	1.68	1.62

（出典：表1、表2ともにYKKAP「APW330引き違い窓の自己適合宣言書」より作成）

開口部の性能値は各メーカーが出している「自己適合宣言書」の数値を使おう

37 カーテンやブラインドには どれくらいの日射遮蔽効果があるのか

◉開口部の付属部材にはどのくらいの日射遮蔽効果があるのか

　日射遮蔽効果があるとして、開口部の付属部材として認められているものは、制度上、和障子と外付けブラインドの2つです。以前は、レースのカーテンや内付けブラインドも付属部材として認められていましたが、これらは可動性があり図面上の表記のみでは設置を確実視できないとして、現在では対象外です。とはいえ、設置されれば当然効果はあります。

　図1にあるように、通常のペアガラスの日射熱取得率は「0.80」ですが、Low-Eペアガラス日射取得型とすると「0.64」に、Low-Eペアガラス日射遮蔽型とすると「0.40」になります。同じ透明なガラスのようですが性能には差があります。Low-Eペアガラス日射遮蔽型にレースのカーテンを設置すると「0.32」、内付けブラインドで「0.28」、和障子で「0.26」、外付けブラインドだと「0.11」となります。

　こうして見ると、Low-E遮熱ガラスと外付けブラインドの効果が大きいことがわかります。特に外付けブラインドの効果は絶大です。ブラインドなど室内側に付けるものは日射熱で熱くなり、その熱を室内に放熱することになるので、外付けのものに比べて効果が劣ります。外付ブラインドは当然熱くなりますが、熱くなった外付ブラインドからの放熱は、室内に入る前にガラス面でカットされるので、効果が高くなります。

　コスト的には、外付けブラインドが最も高価であり、現実的な選択肢にはなりません。Low-Eガラスの採用にかかるコストは、今やレースのカーテンと同程度かそれ以下ですので、これは選択しましょう。外付ブラインドには分類されませんが、日本古来のヨシズやすだれ、外付けのスクリーン、ゴーヤのようなツル植物を利用した緑のカーテンなども外付ブラインドに近い効果があるので、おすすめです。

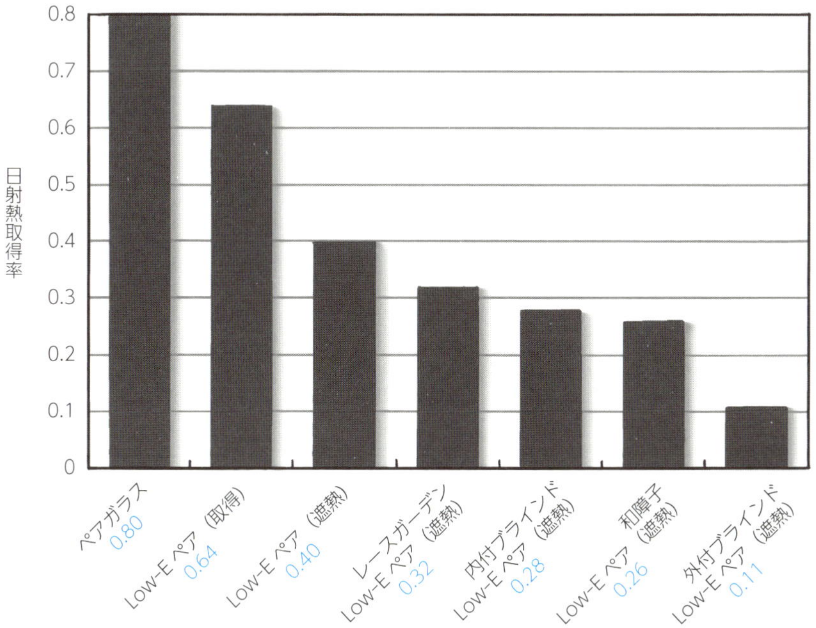

日射熱取得率
0.8
0.7
0.6
0.5
0.4
0.3
0.2
0.1
0
ペアガラス 0.80
Low-E ペア（取得） 0.64
Low-E ペア（遮熱） 0.40
レースカーテン Low-E ペア（遮熱） 0.32
内付ブラインド Low-E ペア（遮熱） 0.28
和障子 Low-E ペア（遮熱） 0.26
外付ブラインド Low-E ペア（遮熱） 0.11

図 1　開口部の付属部材による日射遮蔽効果

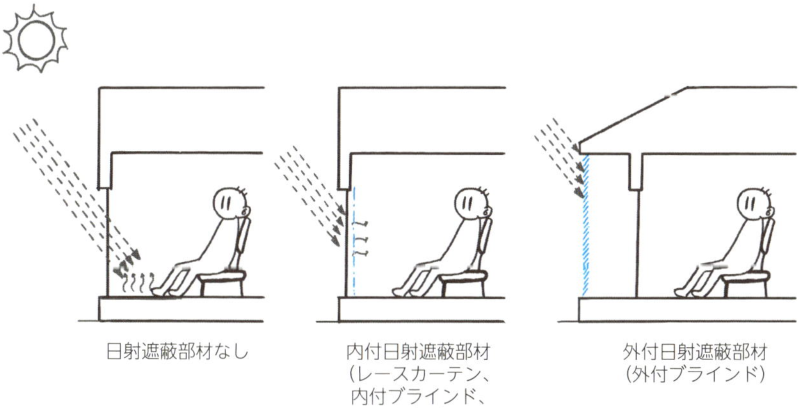

日射遮蔽部材なし
内付日射遮蔽部材
(レースカーテン、
内付ブラインド、
和障子)
外付日射遮蔽部材
(外付ブラインド)

図 2　日射遮蔽部材の位置による効果の違い

（出典：図 1、図 2 ともに住宅・建築 SDGs 推進センター『自立循環型住宅への設計ガイドライン（温暖地版）』より作成）

38 日射遮蔽のさまざまなやりかた

◉日射遮蔽を生活の中に取り込んで楽しむ

　省エネの観点からだけで言えば、日射遮蔽の意味は冷暖房費の削減です。定番な手法は、庇や軒、袖壁ですが、理屈ほどうまくいきません。図1を御覧ください。夏場を例に考えると、日射を遮れるのは太陽高度が高い時間だけです。夏至に合わせて計画された軒では、南中高度に達した一瞬しか完全に日差しを遮ることができません。それ以外の時間帯は日中にしろ午前中にしろ午後にしろ、室内にギラギラと日射が入ってきてしまうのです。

　図2はさまざまな日射遮蔽の手法です。どれも家の外側で日射遮蔽をするのでとても効果的な手法です（37項参照）。最近はスクリーンやオーニングを設置される方が増えてきました。実際に設置された場に身を置くとわかりますが、そこは、内部と外部を緩やかに繋いでくれる中間領域的な存在になり、生活に彩りを与える仕掛けにもなります。ブラインドシャッターもこれに近く、ブラインドの羽根をルーバーのように動かすことで、日射だけではなく外部からの人の視線を遮りつつ効果的な通風が可能で、家の中に居つつも外部を身近に感じられます。上手に生活に取り入れ、ライフスタイルの一部として確立することで、利用価値が高くなっていきます。すだれ・葦簀、緑のカーテン、藤棚などは、上記にプラスして自然エネルギーの活用という側面もあります。素材自体は間違いなく再生可能なものであり、植物は気化熱によって一層効果的な日射遮蔽をしてくれますし、昔から生活に密着してきたという美しさもあります。どれも生活を豊かにしてくれるものでもあるので、今後はこれらも補助金の対象とするなど、採用数を増やす試みも欲しいところです。

　樹木や庭木も心地よく日射遮蔽をしてくれます。木陰の心地良さは言わずもがなですが、広く影を落とすことで地面の温度上昇を抑え、照り返しを防いでくれます。落葉樹であれば、冬には葉を落としポカポカな日差しを届けてくれます。それなりの広い敷地が必要なので、採用できる人が限られてしまうのが残念です。

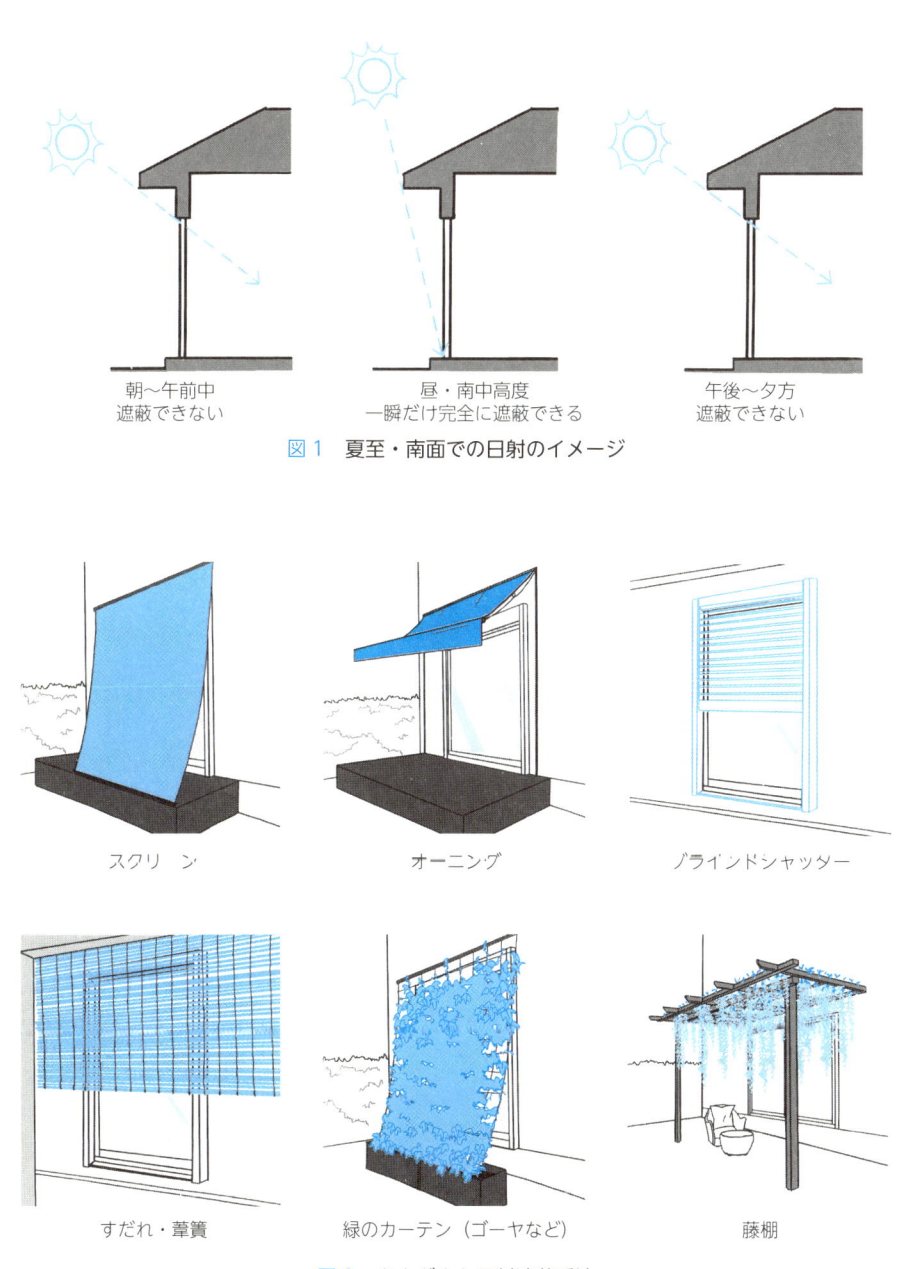

朝～午前中
遮蔽できない

昼・南中高度
一瞬だけ完全に遮蔽できる

午後～夕方
遮蔽できない

図1　夏至・南面での日射のイメージ

スクリーン

オーニング

ブラインドシャッター

すだれ・葦簀

緑のカーテン（ゴーヤなど）

藤棚

図2　さまざまな日射遮蔽手法

（出典：図1、図2ともに住宅・建築SDGs推進センター『自立循環型住宅への設計ガイドライン（温暖地版）』より作成）

39 たてすべり出し窓2枚を使えば、換気量は20倍以上となる

◉引違い窓（掃き出し窓）

　左右にスライドして開閉する、日本で一番採用されている窓です。開閉しやすく、場所も取らず、掃き出し窓として出入りもしやすいです。しかし、デメリットとして、気密性能が悪いこと、大きくなると操作が重くなることが挙げられます。大きなハンドルを180度回すことで障子を持ち上げ、枠と密着させて気密性を高める仕組みを持つヘーベシーベという片引き戸もありますが、非常に高価です。断熱性能だけでなく、気密性能を高めていくことを考えると、引違い窓をどれだけ無理なく減らせるかが設計上のポイントになります。

◉たてすべり出し窓、よこすべり出し窓

　すべり出しタイプの窓で、回転軸が縦か横かで呼び名が変わります。仕組み上、閉じるときには枠と障子を密着させることで気密性能が高くなります。そのため今後はこのタイプの窓が、一番採用される窓になります。掃除しやすいように90度まで開くタイプや、通風に便利なように小さな角度でロックできるハーフロック機能などを備えたものもあります。クルクル回して操作するオペレーターハンドルタイプは、一気に大きく窓が開くことがないため、落下対策という意味で安全性が高い上、網戸を閉じたまま開閉操作ができるので、害虫対策にもなります。これまで引違い窓が担ってきた役割を、どこまで無理なく引き継がせられるかが設計上のポイントです。

◉ FIX窓

　開かない窓です。はめ殺し窓ともいいます。開閉機構がないので気密性が高いだけでなく、障子枠（窓框）を細くできるので断熱性も高くなります。通風が取れないことが欠点ですが、高気密・高断熱化には欠かせない窓です。

◉ウインドキャッチ窓　今注目されている窓

　たてすべり出し窓とFIX窓を組み合わせた窓です。FIX窓の両側に設けられたたてすべり出し窓が各々反対方向に開くことで、効率的な通風を実現します。引き

違い窓とは違い、正面から入ってくる風だけでなく、外壁を沿うように進む横方向の風も室内へ取り込むことができます。YKK の試算では、引違い窓と比べて約 22 倍の換気量を実現できる窓です。

◉窓が小さくなるだけでなく、これまでとは違った窓種が採用される

　断熱性能を考えると、今後は窓が小さくなっていくのは自然な流れです。また、引違い窓が気密性の低さから第一の選択肢から外れていくと思われ、これまでとは違った窓種の選択がされるようになります。通風目的でかつてはよく使われたジャロジー窓は断熱性も気密性も低いため、今後は使いません。上げ下げ窓も引違い窓と同じようにスライドするタイプなので気密性が悪く、こちらも使われなくなります。直射日光が入ってくる天窓ではなく、高窓方式で採光と通風が図られます（15 項）。性能を前提とした窓の選択の仕方に早めに慣れましょう。

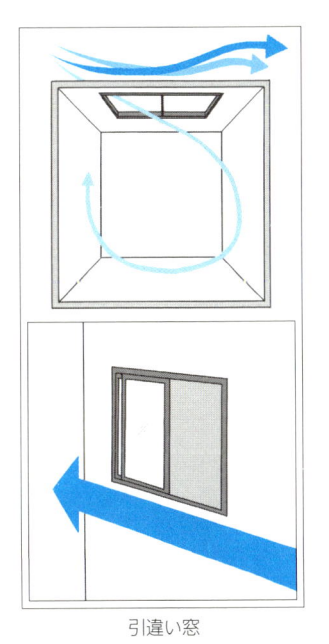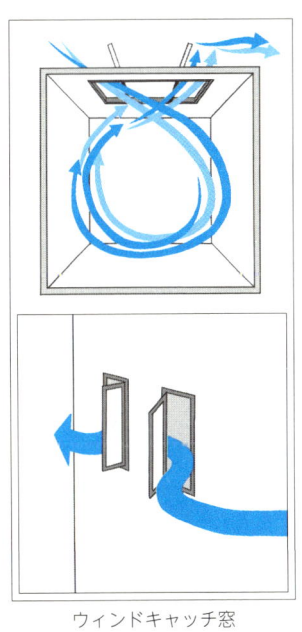

片方の
たてすべり出し窓で
風の入口を作り
もう片方の窓で
風の出口を
作ることで
効率良く
通風できる

引違い窓　　　　　　　　ウィンドキャッチ窓

図1　引違い窓とウィンドキャッチ窓
（出典：YKK AP の HP「窓の教科書」より作成）

40 自分でつくろう申請書類
一次エネルギー消費性能の計算 ①

◉専用の WEB プログラムで計算します

　改正省エネ法では、外皮性能だけでなく、一次エネルギー消費性能の計算も必要です。フラット 35 や ZEH などの申請をしていた人であれば、ご存知のアレです。決して難しくないので、これを機に自分でやりましょう。実際に自分で計算することで、選択すべき設備機器などの勘所がわかって、設計する時やクライアントへ説明する時に役立ちます。高性能な設備機器は高コストですが、それを採用しないとダメな理由も自信を持って説明できます。計算は、建築研究所 HP に公開されている専用の WEB プログラムで行います。外皮性能や設備機器について、項目を選択するか数値を入力することで、一次エネルギー消費性能の計算ができます。補助金の申請などには、この WEB プログラムから出力された計算結果を添付します。床面積や地域区分、外皮性能、冷暖房、換気（熱交換）、給湯、照明、太陽光発電やコージェネなどについて入力します。用語の意味などのヘルプ機能、電話やメールでの問い合わせ先、FAQ（よくある質問と回答）なども HP 上にそろっています。入力手間としては慣れてしまえば、病院の問診票を記入するくらいの手間です。設備の打ち合わせをする前に、一旦計算しておくのが段取りとしてはおすすめです。外皮性能には目安か目標の数値を入れておいて、採用予定の設備で数値をクリアできるか検討しておくと、申請段階での急な変更も避けられます。

◉外皮性能も計算結果に影響あり

　設備機器についての計算なのでうっかり忘れそうですが、実際は外皮性能も計算結果に影響あります。特に冷暖房の一次エネルギー消費量に大きく影響します。東京ゼロエミ住宅のような段階的な基準を導入している補助金で、最大限の補助金をもらおうとすると、一次エネルギー消費性能も高性能な値が求められます。そのため、設備機器でどれだけ頑張っても基準値をクリアできないこともあり、その時には外皮性能を上げることが必要になります。高性能な設備機器だけでは基準をクリアできないことがあることも忘れずに覚えておきましょう。このあたりの勘所がわ

かるようになるので、一次エネルギー消費性能の計算は自分でできた方が良いです。

　プランが落ち着いた段階で一度計算して、基準を満たせているかを確認することはとても大切です。満たせていない時は、より高性能な設備を採用するか、外皮性能を上げるか、その両方なのかが事前にわかります。もしくは結果に余裕がある時は、その分をコストカットに回せるかもしれません。実際の申請の段階になってからだと、変更が大きくなるだけでなく、最悪、対応できずに計画全体の変更が必要になる可能性があるので、早い段階で事前に計算してしまいましょう。

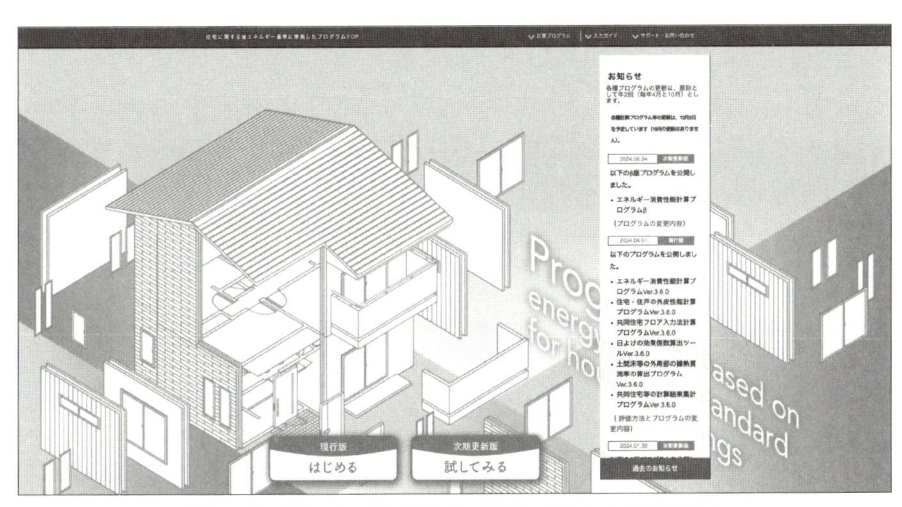

図1　住宅に関する省エネルギー基準に準拠したプログラム

（出典：https://house.lowenergy.jp/）

一次エネルギー消費性能の計算は、
ぜひ自分でやろう。
計算プログラムは
以下の URL にあるでござる
https://house.lowenergy.jp/

41 空調、換気、照明、給湯の入力
一次エネルギー消費性能の計算 ②

◉一次エネルギー消費性能の基準　BEIとは

　一次エネルギー消費性能は BEI 値（ビーイーアイ値）で評価します。建築研究所 HP の計算プログラムを使って、実際に建てる住宅の一次エネルギー消費量を求めたものが、設計一次エネルギー消費量です。これを、基準一次エネルギー消費量（自動的に決まるので計算の必要なし）で割って出てきた数値（比率）が BEI です。BEI = 0.8 は、基準に対して 20％削減されていることを意味します。断熱等級のように BEI にも等級があります（09 項）。省エネ基準は等級 4（BEI=1.0 以下）です。省エネ基準から 1 割減（BEI=0.9 以下）を等級 5、2 割減（BEI=0.8 以下）を等級 6 としています。この等級 6 が、長期優良住宅や認定低炭素住宅、ZEH の基準であり、改正省エネ法の中では誘導基準と呼ばれます。

◉入力する設備は？　メインは空調（冷暖房）、換気、照明、給湯

　入力する項目は、大きく分けて 5 つ。空調（冷暖房）、換気、照明、給湯、創エネ（太陽光発電など）です。空調、換気、照明、給湯までをプラスし、創エネがあればその分をマイナスして、最終的な数値が決まります（図 1）。エネルギー白書 2024（図 2）によると、家庭でのエネルギー消費は、用途別に冷房、暖房、給湯、ちゅう房、動力・照明他（家電機器の使用等）の 5 つに分類されます。このうち、空調（冷房 3.4％、暖房：25.3％）が 28.7％、給湯が 27.2％と、あわせて 55.9％もあります。これらをふまえると、改正省エネ法で上記 4 項目への対応が求められているのも納得です。実際の設備機器で言えば、エアコンや給湯器が果たす役割が大きいことがわかります。また、年代による各項目の割合を見ると、動力・照明他（家電機器の使用等）の伸びが著しいです。

　このことがわかると、一次エネルギー消費性能の計算では、空調と給湯が重要であり、この部分の設備機器について性能は妥協できないし、絶対に高性能な機器を選択しないとダメなんだと理解できると思います。

一次エネルギー消費性能（BEI値）　BEIの算定方法等は基準省令において規定されています。

BEI： 実際に建てる建築物の設計一次エネルギー消費量を、地域や建物用途、室使用条件などにより定められている基準一次エネルギー消費量で除した値

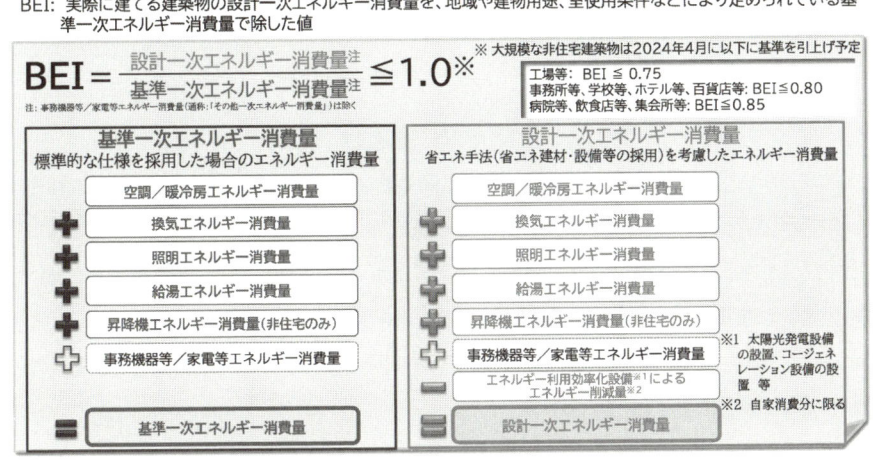

$$BEI = \frac{設計一次エネルギー消費量^{注}}{基準一次エネルギー消費量^{注}} \leqq 1.0^{※}$$

注：事務機器等／家電等エネルギー消費量（通称：「その他一次エネルギー消費量」）は除く

※ 大規模な非住宅建築物は2024年4月に以下に基準を引上げ予定

工場等： BEI ≦ 0.75
事務所等、学校等、ホテル等、百貨店等： BEI≦0.80
病院等、飲食店等、集会所等： BEI≦0.85

基準一次エネルギー消費量
標準的な仕様を採用した場合のエネルギー消費量

- 空調／暖冷房エネルギー消費量
+ 換気エネルギー消費量
+ 照明エネルギー消費量
+ 給湯エネルギー消費量
+ 昇降機エネルギー消費量（非住宅のみ）
+ 事務機器等／家電等エネルギー消費量
= 基準一次エネルギー消費量

設計一次エネルギー消費量
省エネ手法（省エネ建材・設備等の採用）を考慮したエネルギー消費量

- 空調／暖冷房エネルギー消費量
+ 換気エネルギー消費量
+ 照明エネルギー消費量
+ 給湯エネルギー消費量
+ 昇降機エネルギー消費量（非住宅のみ）
+ 事務機器等／家電等エネルギー消費量
− エネルギー利用効率化設備※1によるエネルギー削減量※2
= 設計一次エネルギー消費量

※1 太陽光発電設備の設置、コージェネレーション設備の設置 等
※2 自家消費分に限る

図1　一次エネルギー消費性能の基準（BEI値）

（出典：国土交通省『省エネ技術解説テキスト』より）

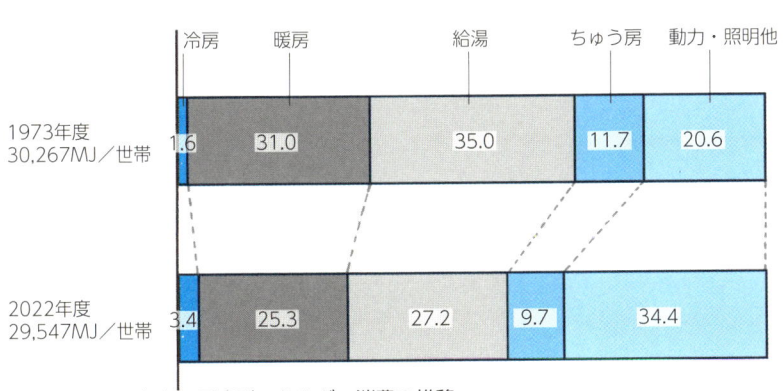

	冷房	暖房	給湯	ちゅう房	動力・照明他
1973年度 30,267MJ／世帯	1.6	31.0	35.0	11.7	20.6
2022年度 29,547MJ／世帯	3.4	25.3	27.2	9.7	34.4

図2　家庭の用途別エネルギー消費の推移

（出典：資源エネルギー庁「エネルギー白書2024」より作成）

省エネのためには、
冷暖房と給湯が
ポイントでござる

42 家電や調理機器は入力不要
一次エネルギー消費性能の計算 ③

◉一次エネルギー消費性能の計算方法　3通り

　実際に、一次エネルギー消費性能を計算するにあたって、3つの方法があります。標準計算（WEB プログラム）で各設備の性能を数値で入力する方法、標準計算（WEBプログラム）で各設備の有無と種類だけを入力する方法、仕様基準の3通りです。外皮性能の場合と同じで、基本的には同じ設備を設置しても、仕様でやるより性能値をカタログなどで調べて入力する方が、数値は良くなるのでおすすめです。

◉家電や調理機器の入力は不要

　家庭でのエネルギー消費は、家電や調理機器などもありますが、こちらは入力不要です。入力不要と言っても考慮はされていて、「その他の設備」として数値は定数が自動的に決まり、自動的に割り当てられます。

◉仕様基準

　仕様基準は最も単純で、エアコンなどの冷暖房設備、換気設備、給湯設備、照明設備について選択するだけです。（図1、図2）また、省エネ基準（義務基準）と誘導基準（BEI=0.8以下）と、それぞれ用意されています。内容をみると、項目自体は同じですが、誘導基準の方が性能についてより細かい指定になり、より高性能になっていることがわかります。仕様基準はその性質上、安全率が含まれるため、標準計算などで精緻に計算するよりも、高性能な設備機器を要求される可能性があります。その一方で、何らかの理由で申請段階において、使う設備機器が決定できないときには助けになってくれます。

◉外皮性能と一次エネルギー消費性能の両方を仕様基準で満たすと適判不要

　外皮性能と一次エネルギー消費性能の両方を仕様基準で満たす場合は、省エネ適判が不要になります。確認申請時に必要な図書が大幅に減ります。

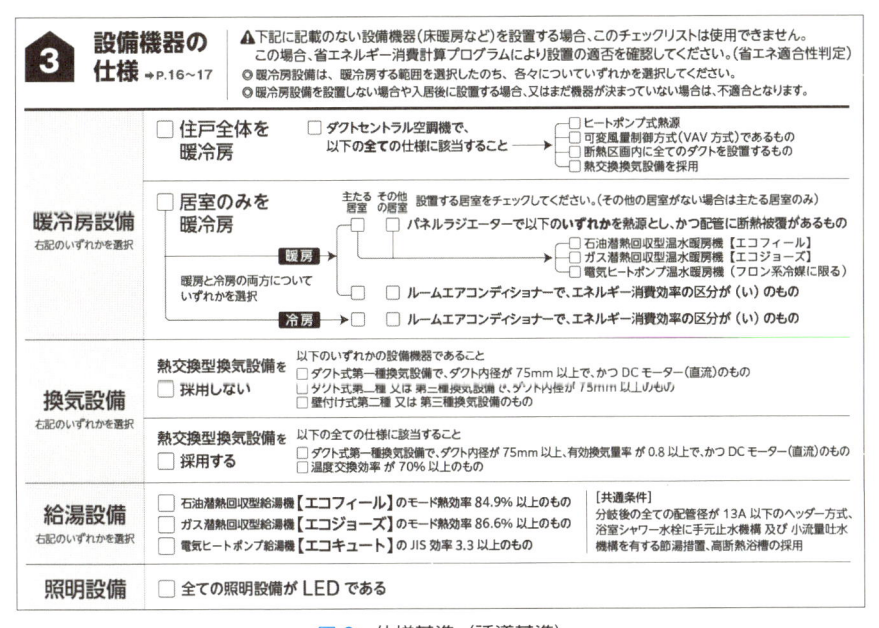

3 設備機器の仕様 ➡P.16～17

⚠下記に記載のない設備機器(床暖房など)を設置する場合、このチェックリストは使用できません。
◎暖冷房設備は、暖冷房する範囲を選択したのち、各々についていずれかを選択してください。
◎暖冷房設備を設置しない場合は、「設置しない」にチェックをしてください。

暖冷房設備（右記のいずれかを選択）

- □ 住戸全体を暖冷房 → □ ダクト式セントラル空調機で、ヒートポンプを熱源とするもの
- □ 居室のみを暖冷房（暖房と冷房の両方について以下のいずれかを選択）
  - 暖房 →
    - □ パネルラジエーターで以下のいずれかを熱源とし、かつ配管に断熱被覆があるもの（①～③のいずれかを選択）
      - □ ①石油潜熱回収型温水暖房機【エコフィール】
      - □ ②ガス潜熱回収型温水暖房機【エコジョーズ】
      - □ ③電気ヒートポンプ温水暖房機（フロン系冷媒に限る）
    - □ ルームエアコンディショナーで、エネルギー消費効率の区分が（い）又は（ろ）のもの
    - □ FF暖房機（4地域に限る）
  - 冷房 → □ ルームエアコンディショナーで、エネルギー消費効率の区分が（い）又は（ろ）のもの
- □ 設置しない

換気設備（右記のいずれかを選択）

- □ ダクト式第一種換気設備(熱交換なし)で、ダクト内径が75mm以上で、かつDCモーター(直流)のもの
- □ ダクト式第二種 又は 第三種換気設備で、ダクト内径が75mm以上のもの
- □ 壁付け式第二種 又は 第三種換気設備のもの

給湯設備（右記のいずれかを選択）

- □ 石油潜熱回収型給湯機【エコフィール】
- □ ガス潜熱回収型給湯機【エコジョーズ】
- □ 電気ヒートポンプ給湯機【エコキュート】

照明設備

- □ 非居室の全ての照明に、LED又は蛍光灯を設置している

図1　仕様基準（義務基準）

3 設備機器の仕様 ➡P.16～17

⚠下記に記載のない設備機器(床暖房など)を設置する場合、このチェックリストは使用できません。
この場合、省エネルギー消費計算プログラムにより設置の適否を確認してください。(省エネ適合性判定)
◎暖冷房設備は、暖冷房する範囲を選択したのち、各々についていずれかを選択してください。
◎暖冷房設備を設置しない場合や入居後に設置する場合、又はまだ機器が決まっていない場合は、不適合となります。

暖冷房設備（右記のいずれかを選択）

- □ 住戸全体を暖冷房 → □ ダクトセントラル空調機で、以下の全ての仕様に該当すること →
  - □ ヒートポンプ式熱源
  - □ 可変風量制御方式(VAV方式)であるもの
  - □ 断熱区画内に全てのダクトを設置するもの
  - □ 熱交換換気設備を採用
- □ 居室のみを暖冷房（暖房と冷房の両方についていずれかを選択）
  - 主たる居室／その他の居室　設置する居室をチェックしてください。(その他の居室がない場合は主たる居室のみ)
  - 暖房 →
    - □ □ パネルラジエーターで以下のいずれかを熱源とし、かつ配管に断熱被覆があるもの
      - □ 石油潜熱回収型温水暖房機【エコフィール】
      - □ ガス潜熱回収型温水暖房機【エコジョーズ】
      - □ 電気ヒートポンプ温水暖房機（フロン系冷媒に限る）
    - □ □ ルームエアコンディショナーで、エネルギー消費効率の区分が（い）のもの
  - 冷房 → □ □ ルームエアコンディショナーで、エネルギー消費効率の区分が（い）のもの

換気設備（右記のいずれかを選択）

- 熱交換型換気設備を □ 採用しない
  - 以下のいずれかの設備機器であること
  - □ ダクト式第一種換気設備で、ダクト内径が75mm以上で、かつDCモーター(直流)のもの
  - □ ダクト式第二種 又は 第三種換気設備で、ダクト内径が75mm以上のもの
  - □ 壁付け式第二種 又は 第三種換気設備のもの
- 熱交換型換気設備を □ 採用する
  - 以下の全ての仕様に該当すること
  - □ ダクト式第一種換気設備で、ダクト内径が75mm以上、有効換気量率が0.8以上で、かつDCモーター(直流)のもの
  - □ 温度交換効率が70%以上のもの

給湯設備（右記のいずれかを選択）

- □ 石油潜熱回収型給湯機【エコフィール】のモード熱効率84.9%以上のもの
- □ ガス潜熱回収型給湯機【エコジョーズ】のモード熱効率86.6%以上のもの
- □ 電気ヒートポンプ給湯機【エコキュート】のJIS効率3.3以上のもの

［共通条件］
分岐後の全ての配管径が13A以下のヘッダー方式、浴室シャワー水栓に手元止水機構 及び 小流量吐水機構を有する節湯措置、高断熱浴槽の採用

照明設備

- □ 全ての照明設備がLEDである

図2　仕様基準（誘導基準）

（出典：図1、図2とも国土交通省「木造戸建住宅の仕様基準ガイドブック4～7地域版」より作成）

43 おすすめの選択項目
一次エネルギー消費性能の計算 ④

◉まずはこの仕様で計算してみよう

　私がいつも最初に入力する項目を紹介します（表1）。一次エネルギー消費性能 BEI = 0.8 をクリアすることが目標です。これは等級6にあたり、長期優良住宅や ZEH、2030 年基準（誘導基準）にあたります（09 項）。外皮性能によっても一次エネルギー消費性能は変わってしまうのですが、まず試しに入力してみてください。外皮性能は U_A 値 0.50 〜 0.55 程度の想定です。より省エネ化を目指した時には、下の表2の選択をします。一次エネルギー消費性能 BEI = 0.7 を目標にする時に採用します。エコキュートの効果が非常に大きいので、エコキュート採用時は BEI = 0.6 近くになります。基本的に通風の利用や多灯分散照明方式は選択しません。それ用の計算が必要なことが理由です。私の設計環境下では、多灯分散照明方式で 500MJ 程度、通風の利用（換気回数 20 回／ h ）で 1000MJ 程度の削減があるようです。あと少し必要だという時に採用します。感覚的にも分かってきますが、冷房期の平均日射熱取得率（ηAC）と暖房期の平均日射熱取得率（ηAH）も当然ながら重要です。前者は冷房負荷を、後者は暖房負荷を軽減してくれるので、計算値は変動します。夏は日射遮蔽、冬は日射取得と経験的に当たり前の話ではあるのですが、こういうところで改めてその大切さがわかります。

◉ここでコストカットを検討

　計算結果に余裕がある時は、仕様を下げてコストカットできるか検討してみます。特に効果が大きいものが冷暖房のエアコンです。まずエアコンの項目を「エネルギー消費効率の入力：入力しない（規定値を用いる）」を選択して再計算してみます。NG になった場合は、表2の項目で選択していないものを選択していきます。OK になれば、エアコンの仕様を下げることができ、エアコンの性能差以上のコストカットができます。自分で計算することで、柔軟な運用ができます。 仕様基準を選択した時には、こうした手法は採用できません。

表1　まずはこれを選択してみる　BEI ＝ 0.8（等級 6）目標

暖房	暖房方式	居室のみ
	主たる居室の暖房設備機器	ルームエアコンディショナー（エアコン）
		エネルギー消費効率の入力　入力する　(い)
	その他の居室の暖房設備機器	ルームエアコンディショナー（エアコン）
		エネルギー消費効率の入力　入力する　(い)
冷房	冷房方式	居室のみ
	主たる居室の冷房設備機器	ルームエアコンディショナー（エアコン）
		エネルギー消費効率の入力　入力する　(い)
	その他の居室の冷房設備機器	ルームエアコンディショナー（エアコン）
		エネルギー消費効率の入力　入力する　(い)
換気	換気設備の方式	壁付け式第二種換気設備、または壁付け第三種換気
	換気回数	0.5 回 / h
給湯	給湯設備・浴室等の有無	給湯設備がある（浴室等がある）
	熱源機の種類	ガスの時　ガス潜熱回収型給湯器（エコジョーズ）
		石油の時　石油潜熱回収型給湯器（エコフィール）
		電気の時　電気ヒートポンプ給湯機（エコキュート）
	効率の入力	ガスの時　効率（エネルギー消費効率）を入力
		石油の時　効率（エネルギー消費効率）を入力
		電気の時　品番を指定しない（JIS 効率を入力する）
	ふろ機能の種類	ふろ給湯器（追焚あり）
	配管方式	ヘッダー方式
	ヘッダー分岐後の配管経	ヘッダー分岐後のいずれかの配管径が 13A より大きい
水栓	台所水栓	2 バルブ水栓以外のその他の水栓／水優先吐水機能
	浴室シャワー水栓	2 バルブ水栓以外のその他の水栓／小流量吐水機能
	洗面水栓	2 バルブ水栓以外のその他の水栓／水優先吐水機能
	浴槽の保温措置	高断熱浴槽を使用する
照明	主たる居室の照明設備	設置する／照明器具の種類　すべて LED
	その他の居室の照明設備	設置する／照明器具の種類　すべて LED
	非居室の照明設備	設置する／照明器具の種類　すべて LED

表2　追加での選択項目　BEI ＝ 0.7 を目指して（エコキュート採用時は BEI=0.6 を目指して）

暖房冷房	小能力時高効率型コンプレッサー	最近搭載機種が増えている
換気	比消費電力の入力	効果中程度　第 3 種換気で 0.30 未満なら入力（比消費電力の計算は 60 項へ）
給湯	ヘッダー分岐後の配管経	ヘッダー分岐後のすべての配管径が 13A 以下もともとなっている可能性大
	台所水栓　手元止水機能	最近のほとんどの水栓は水優先吐水機能は標準でついているが、手元止水は器具による
	浴室シャワー水栓　手元止水機能	
	エコキュートの品番を指定	効果大
照明	調光、人感センサー	最近は調光や人感センサーの採用率は高い
その他	エコキュートへ変更	効果大　ガスや石油から変更する

6　一次エネルギー消費性能

44 二世帯住宅計画には注意が必要
標準計算のウェブ入力のポイント ①

◉「住宅タイプの名称」

　一次エネルギー消費性能の計算について、標準計算（WEB プログラム）を、順を追ってみていきましょう。まずは基本情報から入力していきます（図1）。「？」マークをクリックするとヘルプページへ飛んで用語の意味などが参照できるので便利です。「住宅のタイプの名称」には、確認申請書の「建築物の名称」と同じものを記入します。単に建物名や工事名のことですが、申請機関によっては申請書との整合性を求めてくるので、初めから合わせておくのが、ちょっとしたポイントです。また、いずれ「入力責任者」の記入欄が設けられる予定だそうですが、当面は建築士資格者でなくても入力はできる模様です（2024 年 7 月現在）。

◉「プログラムの種類」

　「プログラムの種類」は一般的な住宅であれば「住宅版」を選択します。他の選択肢である気候風土適応住宅版は、国や自治体が定めているもので、真壁造の土塗壁や落とし込み板壁、茅葺屋根などでつくられた伝統建築だと思ってください。国土交通大臣が定める基準があり、それに適合するものがこれにあたります。その場合、外皮基準の適用除外となります。

◉「住宅の建て方」

　一戸建ての住宅は、「戸建住宅」を選択します。ただ、二世帯住宅を計画中の方はここで注意が必要です。計画案が、一戸建てなのか共同住宅なのかを、設計者や申請機関に事前に必ず確認しておきましょう。火災保険の契約時にも確認が必要です。基本的に、完全分離型の二世帯住宅の場合は、「共同住宅」（長屋）になります。建物内部で廊下や階段で行き来できるようにつながっている場合は、「一戸建て」になります。長期優良住宅など、一戸建てか共同住宅かの違いで対応する仕様や法規が変わる可能性もあります。ここの事前確認はとても大切です。

図1　基本情報の入力

（出典：「住宅に関する省エネルギー基準に準拠したプログラム」より作成）

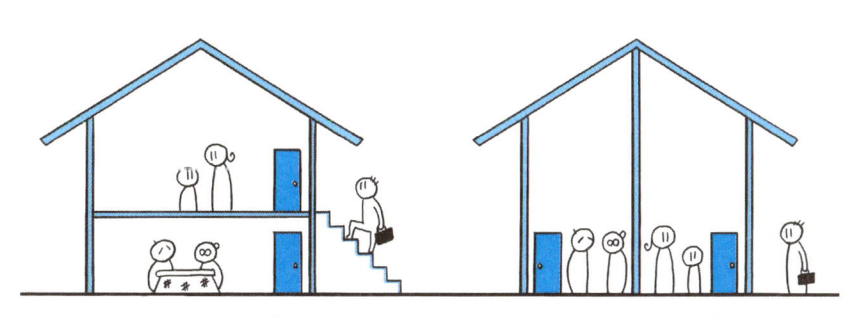

上下分離タイプ
1階・2階のそれぞれに玄関があり、別々の
玄関から出入りする。（2階建ての場合）

左右分離タイプ
2棟が隣り合わせで、それぞれに玄関があり、
それぞれが独立した住宅となっている。

図2　完全分離タイプの2世帯住宅の例

（出典：チューリッヒ保険会社のHPより作成）

45 主たる居室、その他居室、非居室
標準計算のウェブ入力のポイント ②

◉居室の構成　「主たる居室」「その他居室」「非居室」

　各室が、「主たる居室」「その他居室」「非居室」のどれにあたるのかを分類します（図1、表1）。「主たる居室」は、リビング、ダイニング、キッチンなどです。複数のリビング、ダイニング、キッチンがあるときは、その合計になります。「その他居室」は、主たる居室以外の居室です。寝室や子供室、和室、洋室がこれにあたります。「非居室」は、主たる居室とその他居室以外の室です。浴室、トイレ、洗面室、廊下、玄関、クローゼット、納戸などがこれにあたります。住宅に「主たる居室」「その他居室」「非居室」のすべてが含まれる場合は、「主たる居室とその他の居室、非居室で構成される」を、それ以外の場合は、「それ以外の構成」を「居室の構成」の欄で選択します。注意が必要なのは、部屋と部屋の境目に間仕切壁やドアなど建具がない場合や、吹抜けなどで上下階がつながっている場合です。この場合は、一体空間とみなして考えます。「主たる居室」とつながる「その他の居室」「非居室」は、「主たる居室」に含め、「その他の居室」とつながる「非居室」は、「その他の居室」に含めます。また、収納が「主たる居室」や「その他居室」にあるときは、それぞれの部屋の一部として「主たる居室」「その他居室」に含めます。吹抜けでつながる空間の場合は、その吹抜けのある「主たる居室」、「その他の居室」または「非居室」とします。それぞれの室名ではなく、空間的にどこで区切られているかで判断します。アコーディオンカーテンやロールスクリーン、建具のない欄間や下部が空いている吊り押し入れ、上部が空いている造り付けの家具、キッチンカウンターなどは、部屋を区切る間仕切壁や扉等としては考えません。

◉床面積

　床面積は、居室の構成で分類した室のうち、「主たる居室」「その他の居室」および「合計」を入力します。「非居室」は入力値から自動計算されます。数値は、小数点第三位を四捨五入して、小数点以下2桁で入力します。

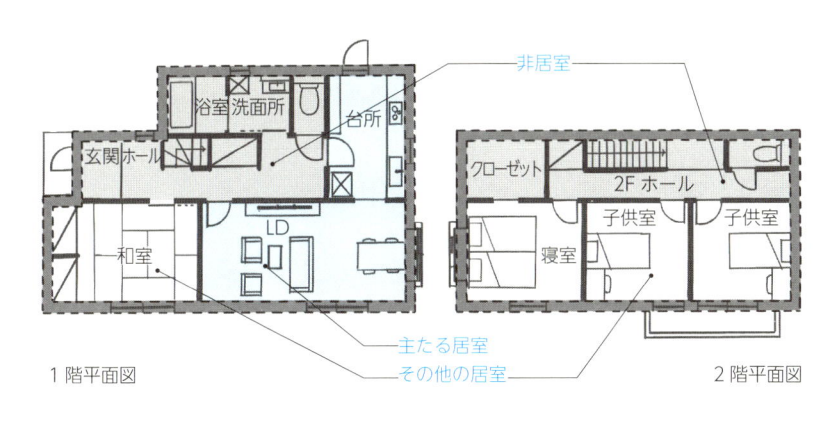

1 階平面図　　　　　　　　　　　　　　　　　2 階平面図

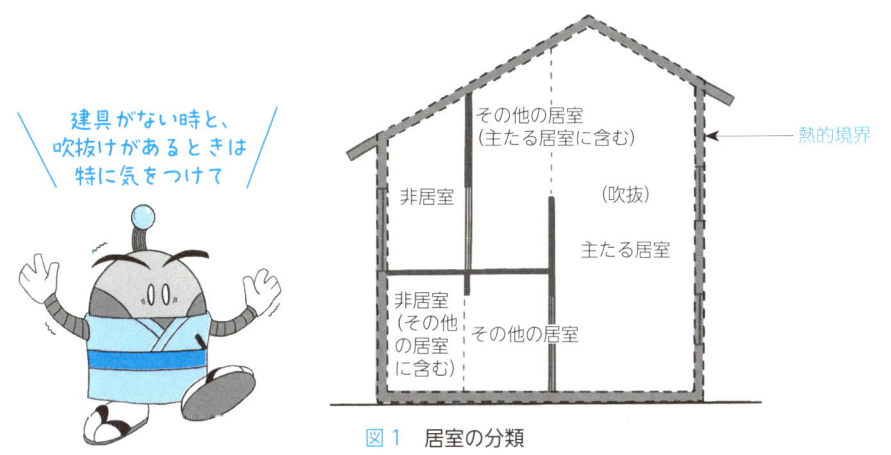

建具がない時と、吹抜けがあるときは特に気をつけて

図1　居室の分類

表1　床面積の計算の方法

分類	床面積の計算の方法
①主たる居室（㎡）	主たる居室（リビング、ダイニング、キッチン等）の床面積の合計。
②その他の居室（㎡）	①以外の居室（寝室、子ども室、和室等）の床面積の合計。
③非居室（㎡）	①および②以外の室（浴室、トイレ、洗面所、廊下、玄関、クローゼット、納戸等）の床面積の合計。ただし、収納が①または②に付随している場合は、付随する居室の一部としてみなし、①または②として床面積の計算を行うことも可能とする。
④合計（㎡）	①＋②＋③（小数点第三位を四捨五入して小数点以下二桁で入力）

（出典：図1、表1ともに 国土交通省『住宅の省エネルギー基準と評価方法2023』より作成）

46 吹抜けがある場合は仮想床を設定
標準計算のウェブ入力のポイント ③

◉床面積の注意点　吹抜けと階段に注意

　吹抜けで天井高さが 4.2 m 以上あるときは、仮想床を設定して、床面積に加えて計算します（図 1）。仮想床は、高さ 2.1m の部分ごとに設定します。そのため、吹抜けの天井の高さが 6.3 m 以上の場合には、高さ 2.1m と 4.2m の部分に仮想床があるものとみなします。また、階に算入されない開放型のロフトがある場合は、これを考慮せずに天井高さで仮想床を設定します。階段の上部については、上階に仮想床を設定し、床面積に算入します。なお、階段部分（ペントハウス用階段も含む）の天井の高さが 4.2m 以上の場合は、吹抜けの仮想床と同じ考え方を適用します。仮想床の床面積は、吹抜けや階段のある「主たる居室」「その他の居室」「非居室」に加えます。

◉床面積計算の特例

　床面積を考えるときは、熱的境界＝断熱ライン（断熱材のあるところ）の内側にあるかどうかを基準に考えます。断熱ラインの外側である風除室やサンルーム、外物置や車庫などは、面積に入れません（表 1）。また、基準法の床面積に算入されない小屋裏収納や床下収納は、床面積に入れません。例えば床下エアコンを設置している床下なども、床面積には入れません。

◉「地域区分」「年間の日射地域区分」

　次は「地域区分」を入力です。全国を 8 つに区分しています（04 項）。プログラムのページ内に調べるためのリンクが設定されているので、わからないときはリンクをクリックして調べられます。「年間の日射地域区分」は、太陽光発電をのせるときに「指定する」を選択すると現れるので、あてはまる地域を選択しましょう。こちらもページ内に調べるためのリンクがあるので、リンク先で調べることができます。この 2 つはうっかり間違えやすいですが、別々の区分なので混同しないように注意が必要です（表 2）。

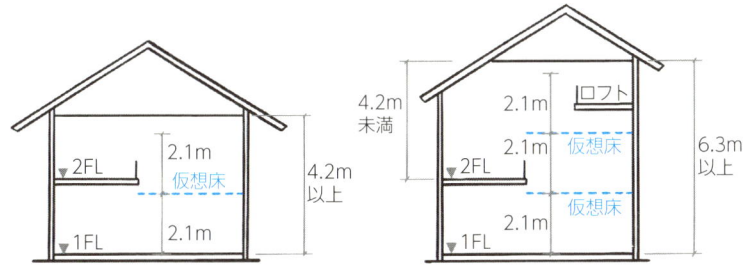

a) 吹抜けの天井の高さが 4.2m 以上の場合　　b) 吹抜けの天井の高さが 6.3m 以上の場合

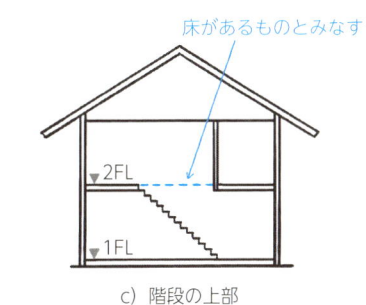

c) 階段の上部

図1　仮想床等の考え方

仮想床の設定を忘れないように気をつけて

表1　床面積計算の特例

風除室サンルーム	熱的境界の外とする場合の風除室およびサンルームの床面積は、床面積に算入しない。
出窓	外壁面からの突出が 500㎜未満、かつ、下端の床面からの高さが 300㎜以上である腰出窓の面積は、床面積に算入しない。
小屋裏収納床下収納	熱的境界の内側に存する小屋裏収納、床下収納のうち、建築基準法で定める延べ面積に算入されない小屋裏収納および床下収納の面積は、床面積に参入しない。
物置等	居室に面する部位が熱的境界となっている物置、車庫、その他これらに類する空間（以下、「物置等」という。）の床面積は、床面積に算入しない。

（出典：図1、表1ともに国土交通省『住宅の省エネルギー基準と評価方法 2023』より作成）

表2　いろいろな地域の区分は何に使うのか

いろいろな区分	地域の区分（地域区分）	年間の日射地域区分	暖房期の日射地域区分
何に使うのか	U_A 値、一次エネルギー消費量	太陽光発電、太陽熱利用設備	蓄熱の利用

47 外皮性能の評価方法を決める
標準計算のウェブ入力のポイント ④

◉外皮性能の評価方法を決める

　「外皮性能の評価方法（計算方法）」について、2025年3月までは5つ選択肢がありますが、2025年4月の改正後からは、「標準計算（外皮面積を用いて外皮性能を評価するもの）」「仕様基準」「誘導仕様基準」の3つのみです（図1）。標準計算と2つの仕様基準の違いは、誤解を恐れずに言えば、設計内容が同じでも標準計算の方が仕様基準よりも良い数値になる点です。それは仕様基準では評価されないものも、標準計算の方では評価することができるので、より実情にあった数値になるからです。

　標準計算では、「外皮面積の合計」「外皮平均熱貫流率（U_A値）」「冷房期の平均日射熱取得率（ηAC値）」「暖房期の平均日射熱取得率（ηAH値）」の入力が必要です（図2）。外皮平均熱貫流率（U_A値）と冷房期の平均日射熱取得率（ηAC値）には、改正省エネ法の中で義務となる基準値がありますが、暖房期の平均日射熱取得率（ηAH値）にはありません。それにも関わらずなぜ入力の必要があるのかというと、暖房期（寒い時期）は室内に入る日射熱によって室温が上がることで暖房負荷が下がるため、一次エネルギー消費性能の計算に影響を与えるからです。

◉「通風の利用」

　冷房期（暑い時期）に窓を開けて「通風の利用」をすることで、冷房にかかる一次エネルギー消費量の削減が図れます（図3）。誤解が多いですが、単に窓を開けて風を通すからという理由だけでは選択できません。窓を開けるのは当然として、その時に基準にあう通風量があるかどうかを、専用の「通風を確保する措置の有無の判定シート」で確認する必要があります。ただ、41項で上げたように、意外ではありますが冷房がエネルギー消費量に占める割合は多くありません。そのため通風の利用による一次エネルギー消費量の削減効果は小さいので、「評価しない」で進めて良いと思います。どうしても数値が足りない時に戻ってくれば十分です。

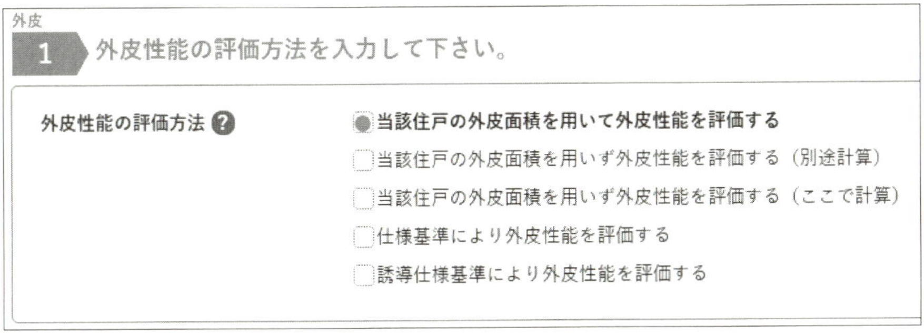

図1 外皮性能の評価方法

「当該住戸の外皮面積を用いず外皮性能を評価する（別途計算）」と「当該住戸の外皮面積を用いず外皮性能を評価する（ここで計算）」は、2025年4月以降は廃止予定。（2024年7月現在）

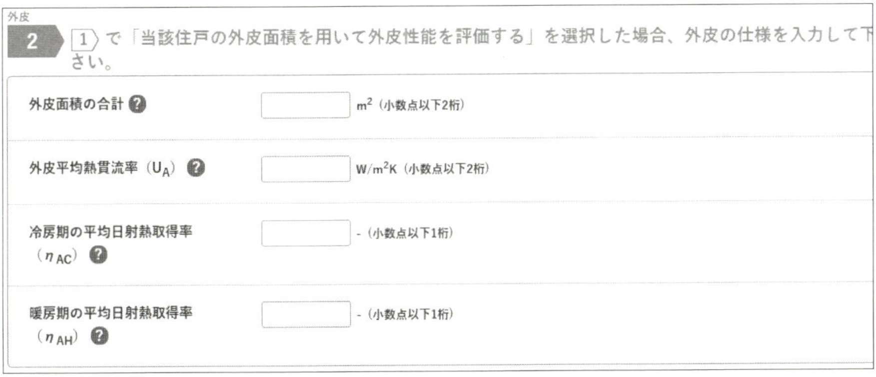

図2 外皮の仕様の入力

一番下の暖房期の平均日射熱取得率（ηAH値）には義務となる基準値はないが、暖房負荷を軽減させるため、一次エネルギー消費性能の計算に影響を与える

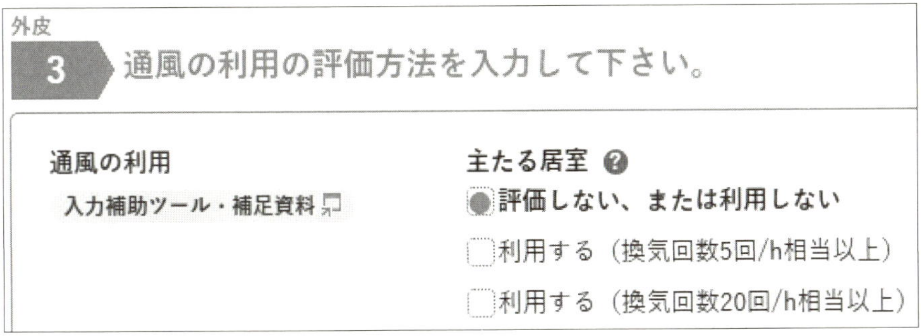

図3 通風の利用の入力

「通風の利用」を選択するためには、入力補助ツール「通風を確保する措置の有無の判定シート」で確認する必要がある

(出典：図1、図2、図3ともに「住宅に関する省エネルギー基準に準拠したプログラム」より作成)

誤解が多い蓄熱と床下の通風
標準計算のウェブ入力のポイント ⑤

◉「蓄熱の利用」

　建物に蓄熱性のある材料を採用することで、暖房期の一次エネルギー消費量を削減しようというものが、「蓄熱の利用」です（図1）。天井、床、壁に昼間の熱を蓄熱して、夜に放熱する事で暖房負荷低減を図るものです。注意が必要なのは、ここで評価されるのは建物に建材として使われたものだけであって、後の 54 項で紹介するような蓄熱暖房機のことではないことです。また、比較的温暖な地域では評価そのものができません。例えば東京都では東久留米市や国分寺市など 11 の市町村、神奈川県では箱根町や山北町など 6 の市町村だけしか評価できません。これは図 2 にあるように、地域区分ごとに決められた「暖房期の日射地域区分」に応じて採用の可否が決まるからです。ちなみに、「暖房期の日射地域区分」は、太陽光発電を評価する時に使われる「年間の日射地域区分」とも違うので重ねて注意が必要です（46 項表 2）。ここは「評価しない」で進めて良いと思います。

◉「床下空間を経由して外気を導入する換気方式」の利用

　こちらについても誤解が多いので注意が必要です。床下エアコンや OM ソーラー、ハイブリット換気（パッシブ換気）のことではありません。確かにこれらでは床下へ給気することもありますが、ここで扱うのは違う仕組みです。仕組みとしては、外気を外気温に比べて温度変動が緩やかな床下空間に入れることで、換気負荷を低減させ、冷暖房のエネルギー消費量の削減を目指す方式をいいます。確かに似ているのですが、以下の条件を全て満たす場合だけ選択できます。地盤に接する床下空間を経由して外気を室内へ取り入れること、第 1 種換気か第 2 種換気が採用されていること、基礎断熱が採用されていること、熱交換システムや OM ソーラーのような空気集熱式太陽熱利用設備がないこと、床下の部材の防腐・防蟻処理には人体に影響のある薬剤を使用せず、揮発性の低い薬剤等を使用する配慮がされていることなどです。こちらも「評価しない」で進めて良いと思います。

4 蓄熱の利用の評価方法を入力して下さい。

| 蓄熱の利用 ❓ | ● 評価しない、または利用しない ☐ 利用する |

図1　蓄熱の利用の入力
「蓄熱」は蓄熱暖房機のことではないので注意
（出典　「住宅に関する省エネルギー基準に準拠したプログラム」より作成）

地域の区分	暖房期の日射地域区分				
	H1	H2	H3	H4	H5
1	×			○	
2					
3					
4					
5					
6		×		○	
7					

図2　蓄熱の利用を選択できる「地域区分」と「暖房期の日射地域区分」の組み合わせ
「蓄熱の利用」が評価できるところは、地域区分と暖房期の日射地域区分（全国をH1~H5に分類）の組み合わせで決まる。日照条件の良い地域に限られる
（出典：国土交通省『住宅の省エネルギー基準と評価方法2023』より作成）

5 床下空間を経由して外気を導入する換気方式の評価方法を入力して下さい。

床下空間を経由して外気を導入する換気方式の利用 ❓	☐ 評価しない、または利用しない ● 通年利用する
外気が経由する床下の面積の割合 ❓	［　　　　　］% （整数）
床下空間の断熱 ❓	● 断熱区画外 ☐ 断熱区画内

図3　床下換気システムの入力
いわゆる「床下換気システム」のことだが、選択するには、いくつかの条件に全て適合する必要がある。床下エアコンやOMソーラーのようなものではないので注意
（出典：「住宅に関する省エネルギー基準に準拠したプログラム」より作成）

6　一次エネルギー消費性能

49　家庭全体のエネルギー使用量の約3割である冷暖房にこだわる

◉冷暖房機器の性能は一次エネルギー消費量の計算で1番の勘所

　41項の一次エネルギー消費量の計算についてのページでもふれましたが、冷暖房で使われるエネルギーは1番多く、家庭全体の3割程度あります。そのため、ここの省エネ性能は妥協できません。性能の高い機器の選択が必要です。また、誤解されることが多いですが、計算プログラムで「設置しない」を選択しても「冷暖房機器なし（一次エネルギーなし）」として評価されるわけではありません。表2にあるように、地域区分に応じて予め定められた冷暖房機器（一般的な性能のもの）が設置されているものとして計算されるので注意が必要です。エアコンはひと昔前と比べるとかなり価格が高くなっています。そのため、可能であればコストカットできないかと考えるのも自然です。その場合は、まず全ての計算をして基準のクリアを確認してから、再度ここに戻ってきて、冷暖房機器を高性能なものから一般的な性能のものへと下げて、再計算してみましょう。それで基準をクリアできていれば、機器のランクを下げてコストカットできます。こうした柔軟な運用をするためにも、一次エネルギー消費量の計算は自分でやるに限ります。

◉冷暖房についての、「居室のみ」「住戸全体」とは何？　複数あるときは？

　計算プログラム上で、馴染みがありそうで無い言葉の1つに、「居室のみ」「住戸全体」があります。次のように考えてください。ダクト式のセントラル空調機を採用する時は「住戸全体を暖房する（冷房する）」を選択、それ以外のときは「居室のみを暖房する（冷房する）」を選択します。ダクト式のセントラル空調機は、第1種換気システムとも違うし、マルチエアコンとも違うという点にも注意しておきましょう。また、暖房器具について複数の異なるものを設置する場合は、表1「暖房設備機器等の評価の順位」から、優先順位の高いもので計算します。冷房に関しては、エアコンかそれ以外かを考えるだけです。同じものが複数台あるときは、一番性能の低いもので計算しないといけません。

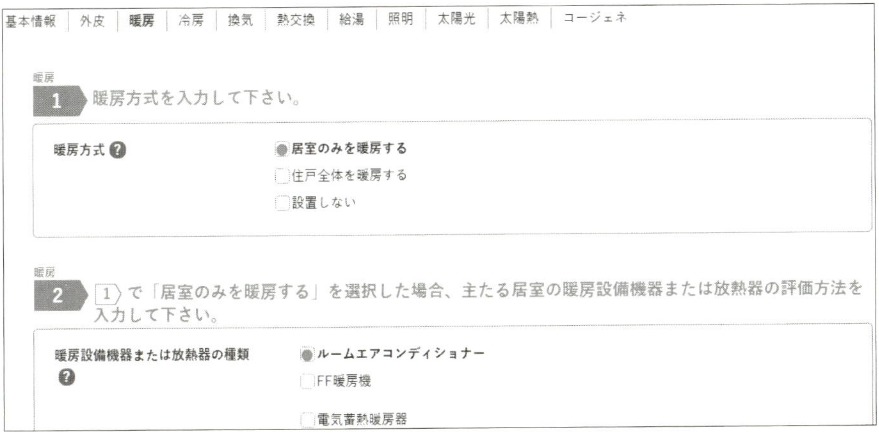

基本情報　外皮　**暖房**　冷房　換気　熱交換　給湯　照明　太陽光　太陽熱　コージェネ

暖房
1　暖房方式を入力して下さい。

暖房方式 ❓
　● 居室のみを暖房する
　☐ 住戸全体を暖房する
　☐ 設置しない

暖房
2　**1** で「居室のみを暖房する」を選択した場合、主たる居室の暖房設備機器または放熱器の評価方法を入力して下さい。

暖房設備機器または放熱器の種類 ❓
　● ルームエアコンディショナー
　☐ FF暖房機
　☐ 電気蓄熱暖房器

図1　暖房方式の入力

(出典：「住宅に関する省エネルギー基準に準拠したプログラム」より作成)

表1　暖房設備機器等の評価の順位

(い) 評価の優先順位	(ろ) 暖房設備機器等
1	電気蓄熱暖房器
2	電気ヒーター床暖房
3	ファンコンベクター
4	ルームエアコンディショナー付温水床暖房
5	温水床暖房
6	FF 暖房機
7	パネルラジエーター
8	ルームエアコンディショナー

表2　「暖房機器を設置しない」を選択した時に、計算上、あるものとして考慮される暖房機器

地域区分	評価において想定される暖房設備機器等	
	主たる居室	その他の居室
1	パネルラジエーター	パネルラジエーター
2	パネルラジエーター	パネルラジエーター
3	FF 暖房機	FF 暖房機
4	FF 暖房機	FF 暖房機
5	ルームエアコンディショナー	ルームエアコンディショナー
6	ルームエアコンディショナー	ルームエアコンディショナー
7	ルームエアコンディショナー	ルームエアコンディショナー

(出典：表1、表2ともに国土交通省『住宅の省エネルギー基準と評価方法2023』より作成)

7

空調設備

50 エアコンの注目ポイントは、定格冷房エネルギー消費効率（COP）

◉エアコンは「エネルギー消費効率」に注目　これを入力に使います

　冷暖房でまず最初に検討されるのは、エアコンです。暖房には複数の選択肢がありますが、冷房に関しては一択でしょう。当然エアコンにも性能差があり、値段が高いほうが、総じて性能も高いです。一次エネルギー消費量の計算の中で注目するところは、エネルギー消費効率です。これには (い)(ろ)(は) の3つの区分があり、(い) が最も性能が良く、次いで (ろ)、最後に (は) です。このエネルギー消費効率は、定格冷房エネルギー消費効率（COP）といい、数値が高いほど省エネ性能が高くなります。"冷房" となっていますが、この数値を暖房にも冷房にも共通の区分として使います。区分を入力しない場合は、(は) と同等になります。仕様基準を用いて誘導基準（ZEH 同等）を満たす場合は、区分 (い) が必須です。

◉エネルギー消費効率の区分の確認はカタログで

　区分の確認は表1を参照しつつ計算で求めても良いですが、家電メーカーは既にこの点に対応済です。図2はダイキンのカタログですが、区分について確認することできます。一般的なコンプレッサーよりもエネルギー消費効率の高い小能力時高効率型コンプレッサーの有無についても調べられます。申請時には、コピーを添付資料として利用できます。もちろん、各メーカーの HP や、住宅性能評価・表示協会の HP にある温熱・省エネ設備機器等ポータルでも調べることが可能です。

◉ COP と APF の違いにも注意　APF は別の指標

　COP とは別に、APF（通年エネルギー消費効率）があります。APF とは、年間を通してある一定条件下でエアコンを使用したとき、1 年間に必要な暖冷房能力を、1 年間でエアコンが消費する電力量（期間消費電力量）で割った数値です。数値が大きいほど、省エネ性能が高いです。こちらは「省エネラベル」で使用されています（図2）。AFP の方が実際の使用条件に近いと言われています。

定格冷房エネルギー消費効率（COP）＝ 定格冷房能力（W）÷ 定格冷房消費電力
※数値が高いほど省エネ

表1　区分（い）を満たす条件

定格冷房能力の区分	当該住戸に設置されたルームエアコンディショナーの 定格冷房エネルギー消費効率が満たす条件
2.2kW 以下	5.13 以上
2.2kW を超え 2.5kW 以下	4.96 以上
2.5kW を超え 2.8kW 以下	4.80 以上
2.8kW を超え 3.2kW 以下	4.58 以上
3.2kW を超え 3.6kW 以下	4.35 以上
3.6kW を超え 4.0kW 以下	4.13 以上
4.0kW を超え 4.5kW 以下	3.86 以上
4.5kW を超え 5.0kW 以下	3.58 以上
5.0kW を超え 5.6kW 以下	3.25 以上
5.6kW を超え 6.3kW 以下	2.86 以上
6.3kW を超える	2.42 以上

[2024モデル]

機種名	区分	定格エネルギー消費効率（冷房時）	定格冷房能力（kW）	小能力高効率コンプレッサー搭載※
S224ATRS	（い）	5.64	2.2	−
S254ATRS	（い）	5.32	2.5	−
S284ATRS	（い）	5.09	2.8	−
S364ATRS	（い）	4.50	3.6	−
S404ATRS	（い）	4.15	4.0	−
S404ATRP	（い）	5.00	4.0	−
S404ATRV	（い）	5.00	4.0	−
S564ATRP	（い）	3.73	5.6	○
S564ATRV	（い）	3.73	5.6	○
S634ATRP	（い）	3.60	6.3	○

図1　エアコンのカタログで見るべき
ポイント

（出典：「ダイキン」カタログより）

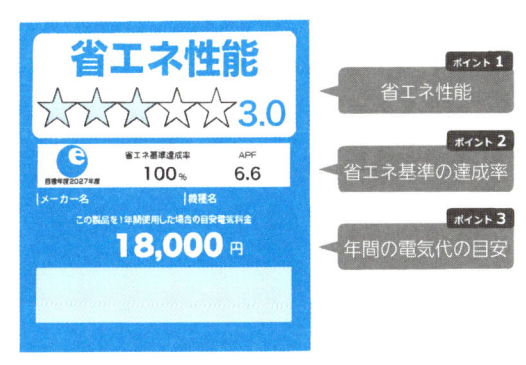

ポイント1　省エネ性能
ポイント2　省エネ基準の達成率
ポイント3　年間の電気代の目安

図2　省エネラベルで見るべきポイント

（出典：経済産業省　資源エネルギー庁作成のチラシより作成）

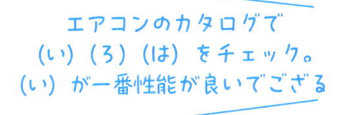

エアコンのカタログで
（い）（ろ）（は）をチェック。
（い）が一番性能が良いでござる

51 エアコンは、夏用と冬用で分けて考える

◉エアコンの必要容量を計算する　目安になる方法

エアコンの容量はどうやって決めるか？ とても難しい問題です。これといった決まった方法はありません。参考までに、とても良くできている計算式を図1で紹介します。Q値を使った計算ですが、Q値がわからないときはU_A値から換算して使用します。Q値とU_A値は違うものなので、あくまで目安になります。これは、拡張デグリーデー法を下敷きに、簡単にまとめたものです。実際には人間も体温を持つ発熱体ですし、家電や照明器具などからも発熱があります。家の陽当りで程度に差が出ますが日射熱もあります。検討する項目・変数が多いので正確には行きませんが、目安にはなってくれます。同じくらいの性能の家に住んでいる方の経験ももちろん目安になります。この両方をあわせられれば、より実情に近い容量を選定できるのではないでしょうか。

カタログに乗っている畳数の目安は、断熱されていない昔の木造住宅を基準に考えられています。そのため最近の住宅事情からすると、現実との差が激しいのです。

◉エアコンの設置術　夏用のエアコンと冬用のエアコンに分けて考える

図1からU_A値0.46（等級6）レベルの性能であれば、エアコンの容量も小さく済むことがわかります。とはいえ、冷たい空気は下へ、暖かい空気は上へ向かうことを考えれば、冷房用はできるだけ高い位置へ、暖房用はできるだけ低い位置へ設置したくなるのが人情というもの。オープンな間取りの家であれば、階段ホールや、吹抜けを通じて、夏は2階のエアコンで冷房し、冬は1階のエアコンで暖房という手法も取れます（図2）。ポイントとなるのは、個室をどうやって冷暖房できるかということ。眠る時以外は建具をあけて、暖気や冷気が回るように生活してみたり、建具の上部に開閉可能な通風用の欄間を設けてみるなど、工夫することで夏も冬も1台のエアコンで家中を暖冷房することも夢ではありません。そうすれば個室用のエアコンが必要であっても、コストをおさえられる一番小さいタイプで済み、使う時間も最小化できます。

必要暖房能力（W）＝ 延床面積 ×Q 値 ×（室内の設定温度－冬の外気最低温度）
必要冷房能力（W）＝ 延床面積 ×Q 値 ×（夏の外気最高温度－室内の設定温度）
注）Q 値 ≒ 2.67×U_A 値＋0.39

〈計算例〉
● 暖房
延床面積 120 ㎡ 室内の設定温度 24 度 冬の外気最低温度 0 度 U_A 値 0.46）（等級 6）
120×1.6×（24－0）＝ 4608W ≒ 4.6kW
14 畳用エアコン（4.0kW）18 畳用エアコン（5.6kW）のどちらか 1 台でいけそう

● 冷房
延床面積 120 ㎡ 室内の設定温度 24 度 夏の外気最高温度 38 度 U_A 値 0.46（等級 6）
120×1.6×（38－24）＝2688W ≒ 2.7kW
8 畳用エアコン（2.5kW）10 畳用エアコン（2.8kW）のどちらか 1 台でいけそう

図 1　エアコンの暖冷房容量算定式

2 階のエアコンで冷房　　　　　　　　1 階のエアコンで暖房
（冷気は自然に 1 階へ）　　　　　　　（暖気は自然に 2 階へ）

図 2　夏用・冬用のエアコン

（出典：図 1、図 2 ともに横浜市『よこはま健康・省エネ住宅技術講習会テキスト』より作成）

オープンな間取りは省エネ上も有利。
暖かい空気は上へ、冷たい空気は下へ
という性質を利用して、
空調効率を上げられる

52 すっきりした室内となる床下エアコンは、暖房で利用する

◉床下エアコンは暖房専用

　最近、床下エアコンが話題に上がることが増えました。基礎断熱をした床下にエアコンの温風を吹き込んで、床に設けたガラリから出すというものです。暖かい空気は自然に上昇する性質を利用したもので、温風を床下に流すという意味では韓国のオンドルに近い仕組みです。そのため基本的には、床下エアコンは暖房専用です。エアコンは冷房もできますが、冷たい空気を上に上げるのはなかなか骨が折れるので、ファンを使ったり、エアコン本体を床より高い位置に設置して床上に冷風を吹き出せるようにしたりと、試行錯誤はされていますが、これと言って上手く行っている話は聞きません。床下エアコンの仕組み自体は拍子抜けするくらい単純なものですが、実際に設置する場合には、建物にそれなりの性能が求められます。基礎断熱の採用、U_A 値 = 0.5 以下、C 値 = 1.0 以下、温風の循環の邪魔になる内部の基礎立ち上がりを最小限にする、温風の効率的な循環を考えたエアコンの配置、オープンな間取りを採用するなどです。

◉床下エアコンのメリット・デメリット

　床下エアコンのメリットは、エアコン本体を隠せること、不快な風を感じないこと、部屋全体を均一に暖められること、床材がじんわりと暖かくなること（床暖房にはかなわない）です。また、温風の吹き出し口を大きな窓のところに設ければ、コールドドラフトや結露の防止にも役立ちます。

　デメリットは、高コストなこと、エアコン本体や吹き出し口の設置場所が必要なこと、床下の掃除が必要なこと、通常の設置方法・使用方法ではないのでメーカー保証や量販店の延長保証を受けられない可能性があることなどです。また通常の床断熱に比べて、基礎断熱は高コストです。基礎の中に温風を循環させるためには、邪魔になる基礎の立ち上がりを減らす必要がありますが、減らした分を地中梁などで補強することになるので、基礎工事自体もコストアップしてしまいます。

　設置方法や運用方法についての注意点もあります。エアコン本体は上半分が床上、

下半分が床下になる高さに設置するのが基本ですが（図1）、エアコン本体と床の隙間を埋めないと、ここで温風がショートサーキットを起こしてしまい、基礎の中を上手く流れてくれません。下図のように半埋込の状態なので、リモコンの受光部が隠れてしまうのでリモコン操作ができず、有線タイプのリモコンがある機種の選定が必要になります。また運用方法では、運転開始時にまず床下を暖める必要があるので暖房の立ち上がりに時間がかかり、すぐには暖かくなりません。

　私は床下エアコンについては、ご要望を頂いた時だけ検討しています。上記のメリット、デメリットをお伝えして、それでも採用するという方にのみお勧めしています。床下エアコンが採用される理由は、エアコン本体を隠せることや快適性であって、省エネ性能ではない点に注意が必要です。

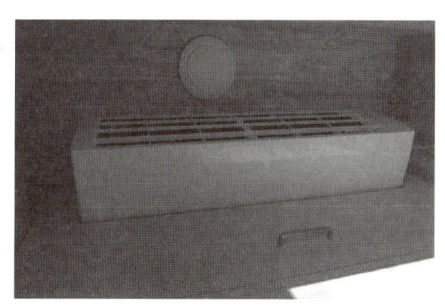

図1　本体は半分まで床下に隠れる

図2　家具などの中に収めて見えなくさせる

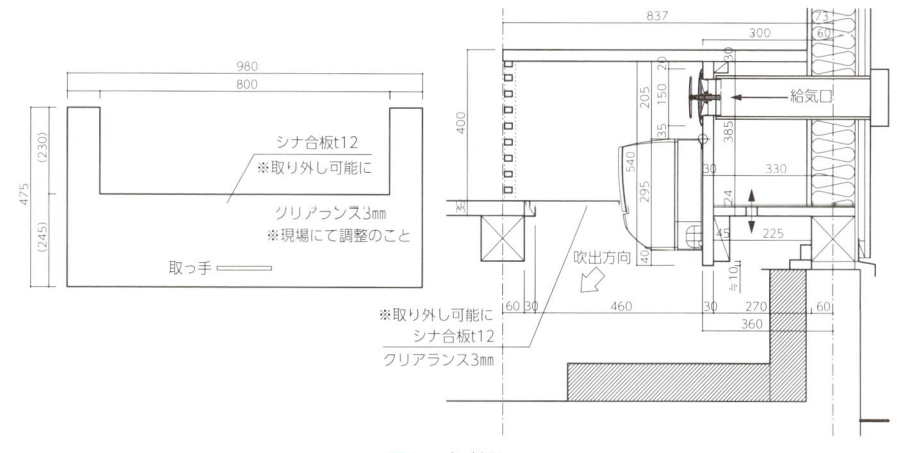

図3　参考図面
本体は半埋込として、エアコンの風を遠くまで送るために、本体の周囲を塞ぐ

53 輻射熱でじんわり暖かい床暖房は、電気式と温水式がある

◉床暖房には「電気式」と「温水式」がある

　快適な暖房器具の代表として床暖房があります。床下に設置した熱源で床材をあたためることで健康に良いとされる「頭寒足熱」という温熱環境が得られます。床材から直に伝わる伝導熱と、温まった床材が発する輻射熱の組み合わせで暖めます（図1）。エアコンは暖めた空気の対流熱で暖めるので、温まり方が違います。床暖房は大きく分けて、「電気式」と「温水式」とに2分されます。電気式は線状の熱線や面状の発熱体に通電させる方式です。電気式は熱源によってさらに2種類に分類されます。電熱線に通電させて暖めるオーソドックスな電熱線式、敷き詰めた蓄熱材に夜間電力など安い時間帯の電気を使って蓄熱する蓄熱式です。一般に電気式は、設置費用は安いですがランニングコストは高いです。温水式は張り巡らせた温水パイプに温水を循環させる方式です。温水式は、ガス給湯器を利用するガス式、ヒートポンプ式、灯油式の3種類があります。

◉床暖房のメリット・デメリット

　伝導熱と輻射熱でじんわりと足元から体を温めること、気流がないのでホコリを舞い上げたりしないこと、運転音がなく器具自体の場所を取らないことがメリットです。デメリットとしては、器具自体が高コストな上、他の暖房器具に比べるとランニングコストも高いこと、部屋全体を温めるには時間が掛かること、対応している床材に制限があることなど挙げられます。また床面が発熱体となるので、床暖房面を遮るものがない方が効率は良くなります。床にカーペットを敷かないこと、家具類は足つきなど床に密着しないものを選ぶことなど、生活面での一工夫が必要になります。

◉選択の方法

　床暖房を採用するのが1部屋か2部屋くらいの場合や、キッチンの足元などごく限られた範囲の場合、使用時間が限られる場合など、補助暖房的な立ち位置の場合は電気式を選択します。過剰に床の温度が上昇してしまうのを防ぐPTCヒーター

式がおすすめです。それら以外でメイン暖房として期待するときは、温水式を選択します。ランニングコストを考えるとヒートポンプ式がおすすめです。また、床暖房を採用するうえで大前提となるのが、建物の温熱性能です。性能の低い家では床暖房の良さが活かされません。前項の床下エアコンと同様に U_A 値 = 0.5 以下、C 値 = 1.0 以下を目安にしましょう。パネルの敷き方にも注意が必要です。キッチンのように作業場所に敷くときは、暖かくなるパネルがつま先までカバーするように詳細に計画しましょう。そうでないと、つま先の部分の床だけが冷たいなんてことになってしまいます（図1）。

　私は床下エアコンと同様に、床暖房は特にご要望頂かない限りは計画に含めません。それは建物が高断熱化され温熱性能が上がってゆくと、室温で床材が暖められるので、結果的に床の冷たさが緩和されることで、床暖房の存在意義が薄くなるからです。そして床下エアコンと同様に、床暖房は快適器具であって省エネ器具ではありません。床暖房のコストを、建物本体の基本性能を上げるために使う方が、正解だと考えています。

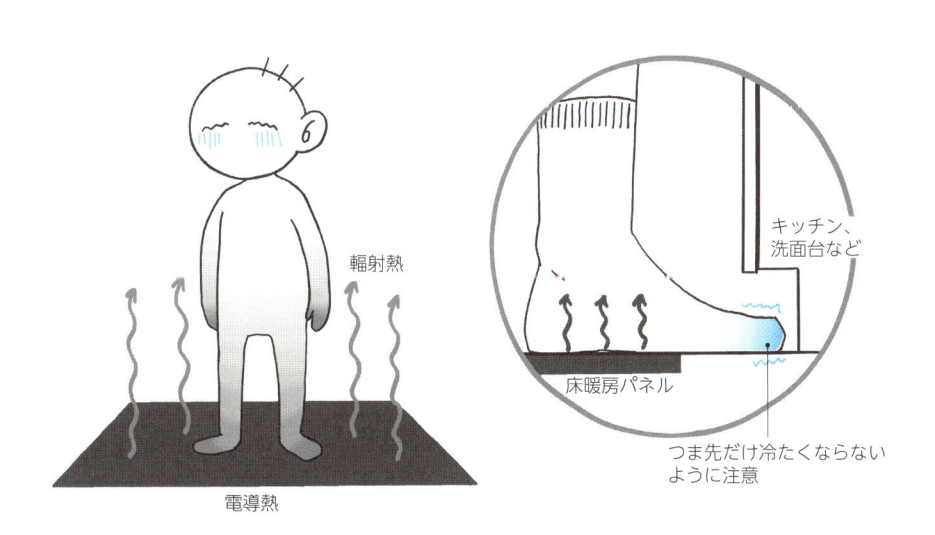

輻射熱

電導熱

キッチン、洗面台など

床暖房パネル

つま先だけ冷たくならないように注意

図1　床暖房の暖かさのイメージ

54 FF ストーブならば、室内空気と外気は混じらない

◉蓄熱暖房機

蓄熱暖房器は、深夜電力を利用してレンガなどの蓄熱体に熱を蓄えておき、その熱を放出して暖める暖房器具です。輻射熱と温風の組み合わせなので、じんわりと暖めます。静音性も高いです。その一方で、温度調節が難しいこと、重量があるため床の補強が必要なこと、設置スペースが必要なことがデメリットとして挙げられます。蓄熱暖房機は深夜電力が安いことを前提にしているため、昨今のエネルギーコスト上昇局面では採用に注意が必要です。単にヒーターで蓄熱体に蓄熱するため、ヒートポンプに対して効率で大きく劣るため、高額な電気料金が掛かる可能性があります。本体設置コストは、高性能エアコンと同じくらいです。最近では設置数が大幅に減少しています。

◉ FF ストーブ

従来の石油ストーブやファンヒーターとは違い、燃焼に必要な給気や排気を専用の給排気筒で行います。一般的にロスナイと呼ばれたりします。室内の空気を燃焼に使わず、排気も室内に出さないので、空気を汚しません。石油ファンヒーターでは排気ガスが室内に出される上に、水蒸気が多く含まれるので結露のリスクを高めますが、FF 式であればそれもありません。燃料については、灯油やガスが主流ですが、数は少ないですがペレットストーブのように木質ペレットを燃料にするものもあります。エアコンのように外気温の影響で効率が変わることがないので、寒冷地では主流の暖房器具です。本体設置コストは、高性能エアコンよりは安いです（ペレットストーブは高い）。灯油タイプは灯油の補給という手間がデメリットとして存在しますが、電気代と灯油代とガス代のバランスによっては、温暖地でも増えてくる可能性のある暖房機器です。

◉パネルヒーター（温水パネル暖房）

1つの熱源と家中に複数設置した放熱器で家全体をあたためるセントラルヒーティングを代表するものが温水式のパネルヒーターです。ボイラーで温水を作り、各

部屋に設置されている放熱器（パネルヒーター）まで循環させます。外国の家の窓の下に設置されているのをよく見ると思います。輻射熱と対流熱の組み合わせで暖めます。各放熱器ごとに温度管理もできるため、リビングと寝室で温度を変えて運用することもできます。コールドドラフトや結露対策として窓下に設置でき、トイレや脱衣室など狭い部屋にも設置可能であり、静寂性にも優れます。非常にコストが高いこと、温まるまでに時間が掛かること、放熱器の設置場所が必要なことなどがデメリットです。採用数は非常に少ないです。

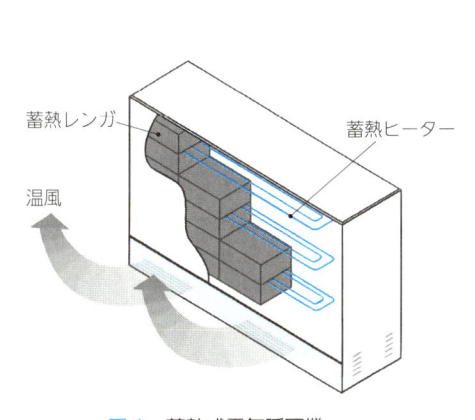

図1 蓄熱式電気暖房機
（出典：日本スティーベル「取扱説明書」より作成）

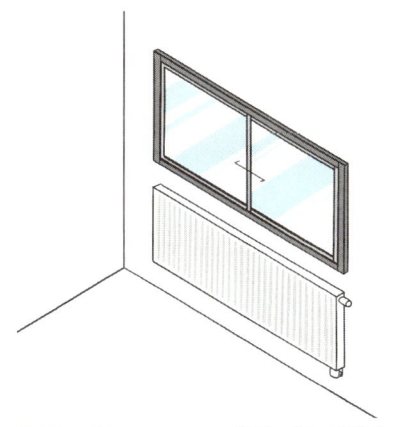

図2 パネルヒーター（温水パネル暖房）
（出典：森永エンジニアリングのHPより作成）

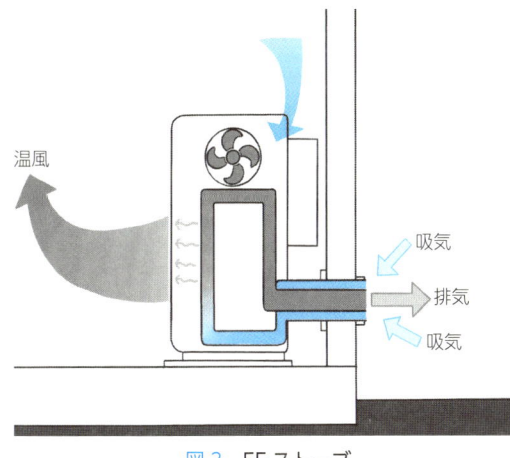

図3 FFストーブ
（出典：東京ガスのHPより作成）

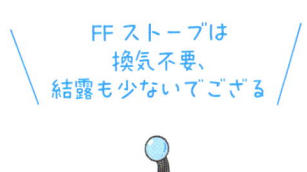

FFストーブは換気不要、結露も少ないでござる

55 エネルギーコスト上昇の今、高効率な給湯設備・エコキュートが最適

◉給湯が省エネの勘所なので徹底的に性能にこだわるのが基本

　41 項の一次エネルギー消費量のページでも触れましたが、家庭内でのエネルギー消費でいうと給湯が 2 番目に多いです。そのため、ここで大きく削減することが非常に大切ですし、削減できなければ、改正省エネ基準のクリアは難しくなります。性能が良いものはランニングコストも下げられますから、初期費用だけを見て中途半端な性能のものを採用してはいけません。給湯器は、電気、ガス、石油と熱源に関わらず、性能の高いものを採用する必要があります。その分、導入コストは上がりますが、設備寿命を迎える前には取り返せます。ここはお金をかけても、誰も損はしません。時折、設備機器は家よりの寿命が短いし、ちょいちょい故障するから、家づくりにおいてそこまでお金をかけるべきではないという意見もあります。しかし、エネルギーコストが上昇していくことが予想される今となっては、明確な誤りです。コストは掛かっても高効率な給湯器を採用するのが正解です。省エネを考えるうえで、給湯器は最重要設備なのです。具体的には、電気であればエコキュート（電気ヒートポンプ給湯機）、ガスであればエコジョーズ（潜熱回収型ガス給湯器）、石油であればエコフィール（潜熱回収型石油給湯器）です。

◉エコキュート　電気を使う給湯器ではこれ一択

　エコキュートは、空気の熱を集めてお湯を沸かします。沸かしたお湯を保温性能のある貯湯タンクに貯めておき、1 日を通して使います。一番のポイントは、空気の熱を集める時にヒートポンプを使う点です。身近ではエアコンに使われています。ヒートポンプは、電気エネルギーを「1」とすると、空気の熱エネルギー「2 以上」を集められます。言い換えると、電気だけでは「1」しかお湯は沸かせませんが、ヒートポンプの働きで空気の熱エネルギーを使うと「2 以上」のお湯が沸かせます。合わせると「3 以上」のお湯が沸く計算です。つまり、電気だけでお湯を沸かす場合に比べて、消費電力を 1 ／ 3 程度にできるので非常に経済的です。基本的に割安となる深夜電力を使います。最近では、太陽光発電の電力を効率よく自家消費する

ために、昼間にお湯を沸かす「おひさまエコキュート」もあります。

　タンク内のお湯は飲めるのかと良く話題に上がりますが、そのままでは飲めません。飲む場合は一度煮沸する必要があります。エコキュートは、ヒートポンプユニットと貯湯ユニットと2つで構成されます。この2つは両方とも重いので、地震対策や沈下対策を考えると、きちんとしたベース、基礎を作ることが大切です。またドレン水も出ます。排水先も合わせて確保できると良いです。

●シャワーの強さに注意

　採用する機種や設置条件によっては、シャワーの強さに違いがでます。シャワーの強さを気にされる方は多い印象です。エコキュートは一旦タンクにお湯を貯める貯湯式なので、この問題が起きやすいのです。特に水圧の弱い地域や、3階建ての3階でお湯を使いたい時は要注意です。高圧タイプの選定や低水圧用シャワーヘッドなどの採用を検討すると良いです。

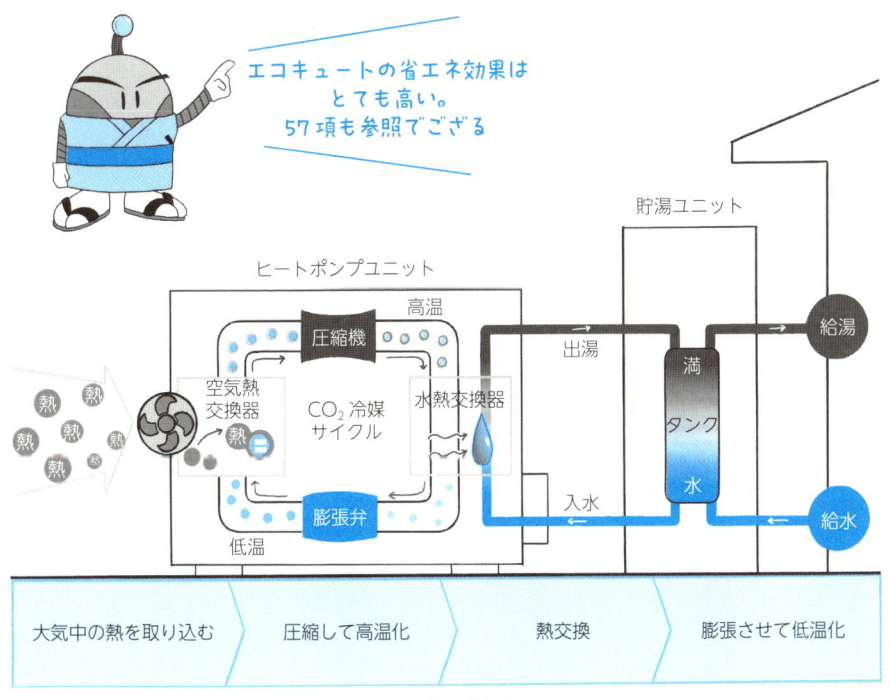

エコキュートの省エネ効果はとても高い。57項も参照でござる

図1　ヒートポンプ方式のしくみ

（出典：ダイキンのHPより）

56 排気を再利用する
エコジョーズとエコフィール

◉ガスはエコジョーズ、石油はエコフィールで決まり

「エコジョーズ（潜熱回収型ガス給湯器）」も「エコフィール（潜熱回収型石油給湯器）」も、従来では排気で捨てられていた熱（潜熱）を再利用することで、熱効率を上げて省エネを実現しています。給湯部の熱効率について、エコジョーズでは従来「約80％」だったものを「95％」へ、エコフィールでは従来「約85％」だったものを「95％」まで高めています。結果として少ない燃料で効率よくお湯を沸かすことができ、省エネになっています。ちなみにこの2つは熱源が違うだけで、大まかな仕組みは一緒です。エコジョーズが「ガス」、エコフィールが「石油」です。

従来品との価格差は5万円程度です。その価格差も3〜4年で取り返せるので、迷わずエコジョーズ・エコフィールを選択しましょう。ちなみに改正省エネ法を仕様基準でクリアする時には、この潜熱回収型を必ず選択しないといけません。また、計算の方でクリアする時でも、これを選択せずに基準を満たすのは、至難の業です。家庭のエネルギー消費の約3割が給湯です。新築でもリフォームでも、従来型の給湯器を潜熱回収型とするのは大きな意味があります。

この2つは瞬間式とも呼ばれますが、一般的に瞬間式は短時間での点灯消火が苦手で効率が低下します。そのため、水優先吐水機能（59項参照）と相性が良いです。

◉従来型の給湯器　電気温水器、ガス給湯器、石油給湯器

電気温水器は、深夜電力を使って暖めたお湯を貯湯タンクに貯めます。暖めるのに電気ヒーターを使うため、エコキュートに比べるとエネルギー効率が非常に悪いです。電気温水器にしても、従来型のガス給湯器や石油給湯器にしても、仕組みが単純で壊れにくいので、今でも昔のものを使い続けている人もいます。しかし、これは増エネ機器です。コスト的にも、高効率給湯器の方が良いのです。給湯器の交換に使える補助金も登場しているので、あわせて検討してください。

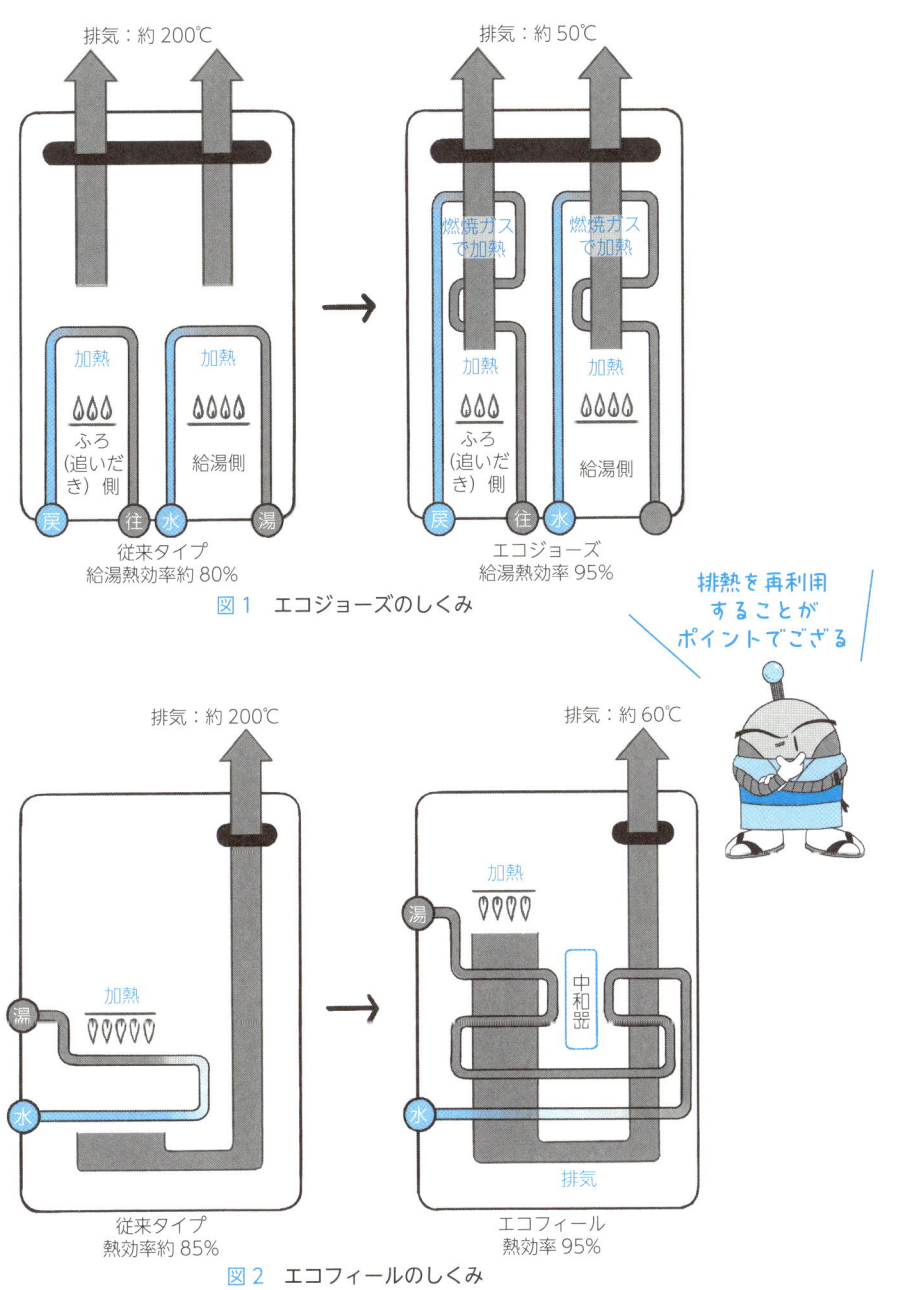

図1 エコジョーズのしくみ

従来タイプ
給湯熱効率約80%
排気：約200℃
加熱
ふろ（追いだき）側
給湯側
戻 往 水 湯

エコジョーズ
給湯熱効率95%
排気：約50℃
燃焼ガスで加熱
加熱
ふろ（追いだき）側
給湯側
戻 往 水

排熱を再利用することがポイントでござる

図2 エコフィールのしくみ

従来タイプ
熱効率約85%
排気：約200℃
加熱
湯 水

エコフィール
熱効率95%
排気：約60℃
加熱
湯 中和器 水 排気

（出典：図1、図2ともにノーリツのHPより作成）

57 給湯器選定のために知っておきたい熱効率の値

◉選定時にはここの数値をチェック

エコキュートは、JIS 効率をチェックします（図1）。年間給湯保温効率（JIS）や年間給湯効率（JIS）と書かれているものです。図1はパナソニックのカタログですが、わかりやすく「エネルギー消費性能計算プログラム（住宅版）への JIS 効率の入力値」と表記されています。エコジョーズ（潜熱回収型ガス給湯器）では、カタログの後ろの方に数値をまとめたページがあります。図2の「エネルギー消費効率（モード熱効率）」の欄に表記されています。エコフィール（石油潜熱回収型給湯機）でも、カタログの後ろにまとまったページがあります。図3の「エネルギー消費効率（モード熱効率）」の数値を使います。数値を入れないと、エアコンの時と同じように一般的な性能として計算されてしまうので、必ず数値を入れましょう。数値に関してはカタログだけではなく、メーカー HP 上で調べることもできます。

◉配管方式も必ず入力する

給湯の配管方式を選択する欄もあります。ヘッダー方式かどうか、ヘッダー方式であればヘッダー分岐後のすべての配管径が 13A 以下かどうかを入力します。施工性の良さ、信頼性の高さもあり最近ではヘッダー方式が基本になっていると思いますので、必ず評価しましょう。

◉給湯器のドレン水の処理方法に注意が必要

省エネタイプの給湯器からは従来型のものとは違い、結構な量のドレン水が出ます。省エネタイプは潜熱を回収しますが、この潜熱が水蒸気の熱だからです。そのまま垂れ流すと周辺が水浸しになるので問題です。必ず排水工事をしましょう。ドレン水は原則としては汚水となり、汚水経路に排水する必要があります。ただし、自治体によっては雨水として雨水経路へ排出を認めているところもあり、施工時に自治体などに必ず確認して、適切に処理する必要があります。

JIS C 9220：2018				
区分 **E**	目標年度 2025年度	省エネ基準 達成率 **102** %	年間給湯 保温効率 **3.6**
目標年度 2017年度	「エネルギー消費性能計算プログラム（住宅版）」 へのJIS効率の入力値		**3.6**

図1 エコキュートはここをチェック

（出典：パナソニックのカタログより作成）

	区分	構造	目標年度 2025年	省エネ基準 達成率(%)	エネルギー 消費効率 (モード熱効率) (%)※JIS S 2075 に基づく	熱効率（%）		2006年度基準 エネルギー 消費効率 (定格熱効率) (%)
						給湯	ふろ	
GT-C2472PWAW BL	Ⅲ	Ⅲ-3		106	92.5	95.0	92.0	94.3
GT-C2472PAW BL	Ⅲ	Ⅲ-3		106	92.5	95.0	92.0	94.3

図2 エコジョーズはここをチェック

	区分	構造	目標年度 2025年	省エネ基準 達成率 (%)	エネルギー 消費効率 (モード熱効率) (%) ※JIS S 2075に基づく	2006年度 基準エネルギー 消費効率 (定格熱効率) (%)
OTQ-C4706AY BL	Ⅲ	Ⅲ-1		104	89.2	95.0
OTQ-C4706AYS BL	Ⅲ	Ⅲ-1		104	89.2	95.0

図3 エコフィールはここをチェック

（出典：図2、図3ともにノーリツのカタログより作成）

8 給湯設備

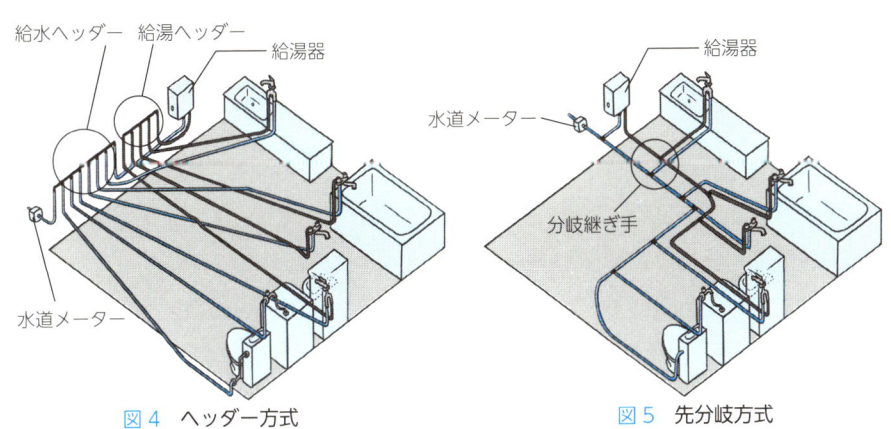

図4 ヘッダー方式　　　　図5 先分岐方式

（出典：図4、図5ともに住宅産業協議会「住まいと設備のメンテナンス技術ガイド」より作成）

58 給湯器のサイズは家族人数が目安となる

◉ガスと石油の給湯器のサイズの決め方

　エコキュートのサイズの決め方については、カタログに何人用かの記載があるので、そちらを基準として選定できますが、ガスや石油の給湯器はちょっとなじみのない数値が表記されています。その選定の仕方についてみておきましょう。エコジョーズ（潜熱回収型ガス給湯器）は、16 号 20 号 24 号という号数で表記がされています。号数は、水温 + 25℃のお湯が、1 分間に出る量（リットル）のことで、1 分間に 24 リットル出せれば、24 号となります。また、号数が大きいほど、一度に大量のお湯を使うことができます。ひとり暮らしでは 16 号、2 人家族で 20 号、3 ～ 4 人家族で 24 号が目安です。エコフィール（石油潜熱回収型給湯機）は、3 万キロ、4 万キロという表記がされています。2 人家族までが 3 万キロ、3 ～ 4 人家族で 4 万キロが目安です。

◉フルオートとオートの違い

　給湯器は、機能面の違いでフルオートとオートとに分けられます。注意が必要なのはエコキュートのような貯湯式と、ガスや石油の瞬間式とでは、微妙に定義が違う点です。貯湯式では、浴槽の自動湯はりと追焚の両方できるものがフルオート、自動湯はりはできるけど追焚ができないものがオートと区別するのが一般的です。瞬間式では、水位レベルを指定できるものをフルオート、湯量を指定するものをオートとするのが一般的です。ガスや石油の瞬間式給湯器を使っていたけど、エコキュートに切り替える、もしくはエコキュートや電気温水器を使っていたけど、ガスや石油の瞬間式給湯器に切り替えるような場合には、注意が必要です。必ずメーカーのカタログで確認しましょう。

　便利さで言えばフルオートの選択です。とはいえ、この部分は数万円のコスト差があると思うので、普段、どんな機能を使うことになるのかを確認して決めましょう。一般的には、追焚の機能が欲しいかどうかがポイントです。

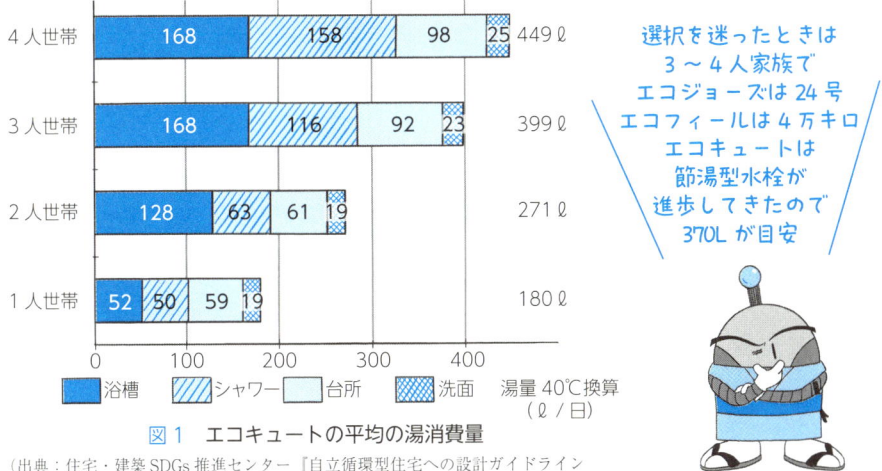

選択を迷ったときは
3〜4人家族で
エコジョーズは24号
エコフィールは4万キロ
エコキュートは
節湯型水栓が
進歩してきたので
370L が目安

図1 エコキュートの平均の湯消費量

（出典：住宅・建築 SDGs 推進センター『自立循環型住宅への設計ガイドライン
（温暖地版）』より作成）

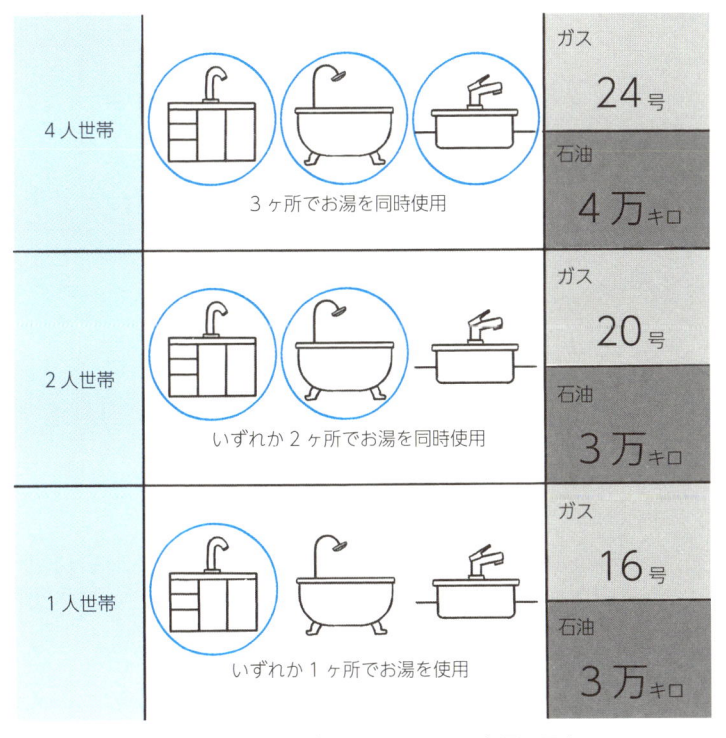

図2 エコジョーズとエコフィールの容量の目安

（出典：リンナイの HP より作成）

8 給湯設備

59 水栓と浴槽でお湯を節約する

◉節湯水栓と高断熱浴槽での採用で省エネに

　水栓と省エネの関係は、お湯を節約できるかどうかです。家庭内のエネルギー消費量は給湯が１／３程を占めるので、高効率な給湯器で省エネ化を図るだけではなく、水栓によって不必要なお湯を使わずに済めば、さらに省エネになります。そのため対象になるのはお湯の出る水栓、つまり「台所水栓」「浴室シャワー水栓」「洗面水栓」です。各水栓が複数ある場合は、１つでも２バルブ水栓があれば「評価しない、または２バルブ水栓」を１次エネルギー消費性能プログラム上で選択します。節湯水栓はぜひ採用しましょう。

　浴槽については、「高断熱浴槽」とすることでお湯を長時間保温し、追い焚きや足し湯で消費されるお湯の量を減らします。可能であれば、浴槽の蓋の方も断熱性能のある蓋を採用しましょう。

　ちなみに仕様規定で省エネ基準をクリアする場合は、水栓の節湯性能や、浴槽の保温性能は求められませんが、誘導基準の方では求められます。

◉「手元止水機能」「小流量吐水機能」「水優先吐水機能」

　実際に節湯となる水栓の機能は、「手元止水機能」「小流量吐水機能」「水優先吐水機能」の３つです。「手元止水機能」は、台所や浴室シャワーに設置される混合水栓が対象です。ボタンやセンサー等で、手軽に出したり止めたりできる機能のことです。「小流量吐水機能」は、浴室シャワー水栓が対象です。流水に空気を混ぜたり、シャワーヘッドの穴を調整したりすることで、実際には使うお湯の量が減っているけれど、使っているお湯の量が減っていないように感じさせる工夫がされています。「水優先吐水機能」は、台所や洗面に設置される混合水栓が対象です。レバーハンドルの位置によって、お湯が出るか出ないか決まる機能です。レバーハンドルを正面や垂直の位置からひねらないとお湯が出ない仕組みになっています。これらの機能で、お湯を出しっ放しにすることを防いだり、気づかないうちに節湯できたりするので、給湯エネルギーを削減できます。

図1　節湯マークの一覧

（出典：TOTO『水栓金具カタログ』より作成）

2ハンドル

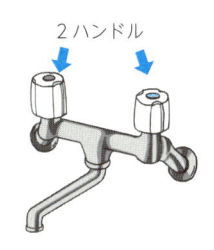

ハンドル

上から見たところ

水

カチッ

正面で水が出る（水優先）

ボタン

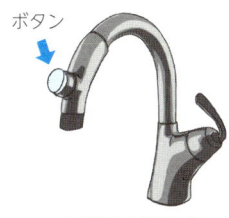

水優先（ボタン）

センサー

水優先（センサー）

ハンドル

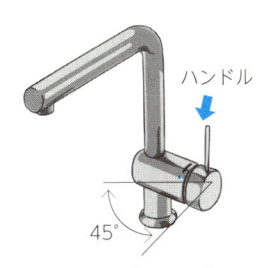

45°

水優先（ハンドル）
水平から上方45°で水が出る

ハンドル

水優先（ハンドル）

スイッチ

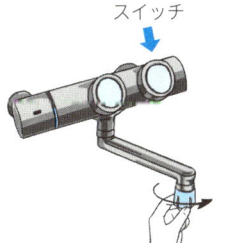

スイッチ

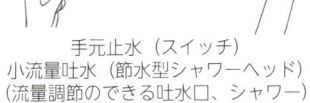

手元止水（スイッチ）
小流量吐水（節湯型シャワーヘッド）
（流量調節のできる吐水口、シャワー）

図2　節湯水栓の種類

（出典：日本バルブ工業会「節湯水栓・節水水栓について」より作成）

60 排気口のみを機械換気とする、第3種換気が基本

◉第3種換気が基本

　換気には大きく分けて3つの方式があります。給気口と排気口に機械換気を設置するかどうかで分類します。給気口と排気口の両方で機械換気を使うものが第1種換気、給気口に機械換気を使うものが第2種換気、排気口に機械換気を使うものが第3種換気です。これら3つそれぞれについて、各機械換気に1m以上のダクトをつなぐものをダクト式、それ以外で壁に直接設置かダクトを使っても1m未満のものを壁付け式と分類します。また、第3種換気で内外温度差が大きい冬期に、機械換気を設置しない排気口からの自然換気を利用することで、機械換気で消費するエネルギーの削減を図るハイブリット換気もあります。このハイブリット換気を突き詰めたものがパッシブ換気です。

　改正省エネ法であっても、これまで通り第3種換気が基本です。換気性能、コスト、施工性、メンテナンス性とバランスが取れています。第2種換気は住宅ではほとんど採用されません。給気を確実にコントロールできるので、工場や医療施設のクリーンルームなどで主に採用されます。高コストにはなりますが、主に寒冷地などで換気による熱損失にこだわりたい時などに第1種換気が採用されます。いずれの方式でも、住宅ではC値（相当すき間面積）＝ 1.0 以下が実現できれば、確実に動作します。

◉比消費電力が省エネ上のポイント

　消費電力を風量で割ったものが比消費電力です。比消費電力が小さいほど省エネになります。一次エネルギー消費性能の計算では、この比消費電力を入力しましょう。使う換気扇が同じでも、計算上は違う数値になります。一例ですが、壁付け第3種換気扇の時、計算しない場合は比消費電力 0.3、計算すると 0.05 のような事が起こります。換気扇が複数ある時は、各々の消費電力と風量を合計した数値を使います。ちなみに一次エネルギー消費性能の計算で対象となるのは、24 時間換気に利用されるものです。24 時間換気に組み込まれず、局所換気として利用されるも

のは対象外です。

◉メンテナンス性も重視しよう

　どれだけ数値にこだわっても、掃除されていなければ絵に描いた餅です。一度でもエアコンのフィルターを掃除した経験があれば（例えそれがお掃除機能付きのものであっても）、汚れがかなり付着することがイメージできると思います。掃除しやすい場所や高さになっていることも確認しましょう。

$$\text{比消費電力 W/ (㎥/h)} = \text{消費電力 W} \div \text{風量 ㎥/h}$$
$$0.05 \qquad\qquad 2.1 \qquad 41.5$$

表1　換気方式の種類

換気方式の種類		特徴	注意点
	第1種換気	・建具のアンダーカット等が不要なのでプライバシーを確保できる ・運転音が小さい ・気流を感じにくい ・熱交換器を採用すると冷暖房負荷を減らして省エネになる	・高コスト ・ダクト式は各部屋へダクトが必要 ・浴室やトイレを換気経路に入れるかどうかの検討が必要 ・メンテナンス費用・手間がかかる
	給気　排気 機械　機械 各部屋で確実な換気が可能		
	第2種換気	・フィルター等で給気する空気の清浄化ができる ・各室で確実な給気が可能	・給気口まわりが寒くなる ・室内の気圧を高めるので、冬期に内部結露を誘発する危険性がある ・一般的な住宅には向いていない
	給気　排気 機械　自然 汚染物質のコントロールが可能		
	第3種換気	・設置費用が安い ・施工が容易 ・メンテナンス費用が安い ・メンテナンス手間が少ない	・給気口まわりが寒くなる ・給気口から屋外騒音が入ってくる ・換気経路に注意しないと換気不足になることがある ・換気扇にはシャッター付を使うと動作停止時に気密が取れて良い
	給気　排気 自然　機械 最も普及している方式		
	ハイブリット換気	・安定した換気が得られれば1番省エネになる ・工夫次第でパッシブ換気になる	・換気計画が難しい ・浴室やトイレは個別換気になることが多い ・基準法への対応で必ず機械換気扇が必要になる
	給気　排気 自然　機械+自然 主に冬期には自然換気を、夏期や中間期には機械換気を行う		

61 エネルギーロスの少ない、熱交換システムとは

●第1種換気のダクト方式とダクトレス方式

　第1種換気は、ダクト方式とダクトレス方式があります。1台の換気設備あたり合計1m以上のダクトをつなぐものをダクト方式、1台の換気設備あたり合計1m未満のダクトをつなぐものをダクトレス方式と言います。一般的には第1種換気といえばダクト方式です。ダクト方式は、天井裏や小屋裏にダクトを巡らせて、各部屋を確実に換気します。ダクトレス方式は、壁付けの換気扇2台を1組として、一定間隔ごとに片方が給気、片方が排気と交互に役割を入れ変えます。第1種換気は、高コストがデメリットです。30坪強の家であれば、ダクト式で60〜70万円程度、ダクトレス式で30万円前後になると思います。同じ家で3種換気であれば5万円程度です。

●第1種換気を採用するなら熱交換器を採用しよう

　第1種換気の良さを最大限に活かすには、熱交換器を採用します。熱交換をしない換気では、室内の空気をそのまま捨てて、外気温のままの空気をそのまま取り入れるので、エネルギーロスがあります。熱交換器を使うと、右ページの図のように冬の場合は、排出される室内の暖かい空気の熱を使って、外から取り込む冷たい空気を暖めることでエネルギーロスを抑え、冷暖房負荷を軽減させます。壁付けのダクトレスタイプでは一定時間ごとに給排気が入れ替わることを利用して、排気している時に熱交換素子に熱を溜めておいて、給気になった時に溜めていた熱を使って空気を暖めたり冷やしたりします。改正省エネ法で用いられる U_A 値は、この換気による熱ロスは考慮されないので、同じ U_A 値であれば、第3種換気の家より熱交換型の第1種換気の家の方が暖かくなるし涼しくもなる道理です。また、熱交換には全熱型と顕熱型があります。全熱型は「熱（顕熱）」と「湿気（潜熱）」を、顕熱型は「熱（顕熱）」のみを交換します。全熱型の方が熱交換効率は良いので、熱のロスがより少ないです。

●ダクトの太さと DC モーターもチェック

　ダクト式を採用する時には、ダクト径も大切です。施工性や省スペース性を優先して、細いダクトを採用してしまうと、圧力損失によって省エネ性が損なわれます。一次エネルギー消費性能の計算では、内径 75㎜以上で径の太いダクトとして評価されるので、主ダクトで内径 100㎜、細くなりがちな枝ダクトでも内径 75㎜を確保しましょう。また、換気に使われるモーターは、一般的に DC モーター（直流）の方が AC モーター（交流）に対して省エネになります。こちらも合わせて確認しましょう。

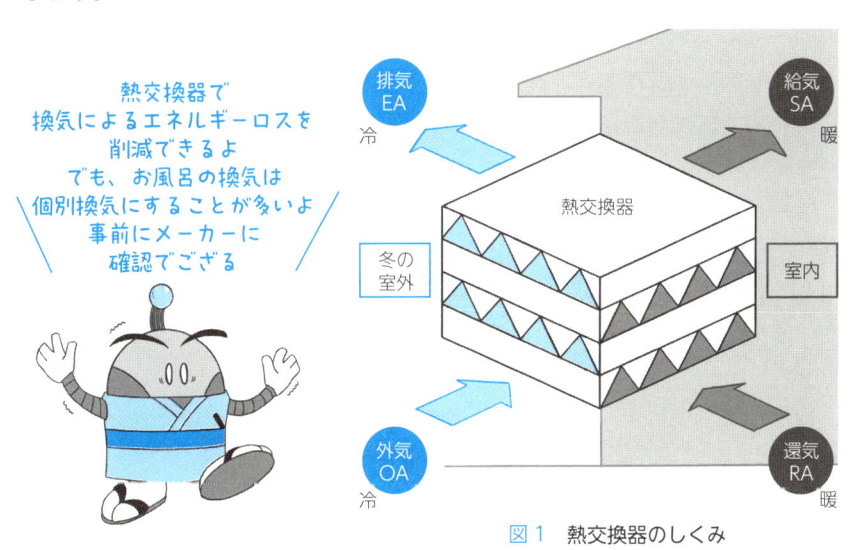

熱交換器で
換気によるエネルギーロスを
削減できるよ
でも、お風呂の換気は
個別換気にすることが多いよ
事前にメーカーに
確認でござる

図1　熱交換器のしくみ

（出典：横浜市「よこはま健康・省エネ住宅技術講習会テキスト」より作成）

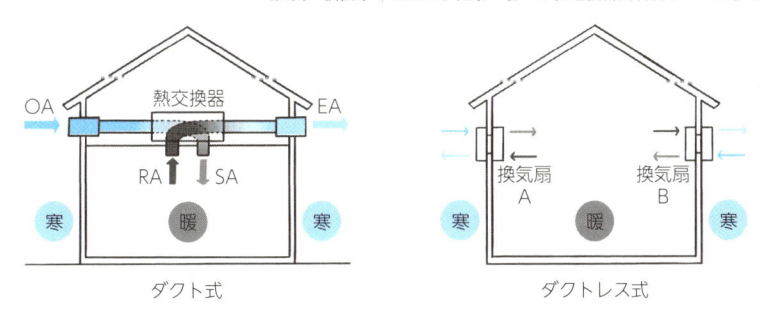

ダクト式

ダクトレス式

図2　第1種換気のダクト式とダクトレス式の違い

（出典：横浜市「よこはま健康・省エネ住宅技術講習会テキスト」より作成）

62　照明設備は、LED 以外に選択肢はない

◉難しいことを考えずに全て LED 照明を選ぶ

　照明に関しては、LED 照明の一択です。電球をはめるタイプであれば、LED 電球をはめましょう。大手メーカーのカタログから選ぶのであれば、自然と LED になるはずです。LED は長寿命なので取り換え手間も減るし、省エネ・節電効果で電気代は安くなるし、発熱が少ないということは冷房費も助かるので、いいこと尽くしです。2025 年 4 月の改正省エネ法の仕様基準では、居室に白熱灯や蛍光灯をまだ選択できますが、誘導基準では全てを LED にすることが条件です。次に省エネ法が改正される予定の 2030 年では、新築では全面的に LED 化になると思われるので、このタイミングで対応しておきましょう。白熱電球、蛍光灯、LED 電球を比較すると右のページのようになります。ちなみに、蛍光灯は 2027 年末までに製造と輸出入が禁止されます。これは蛍光灯に使用されている水銀の問題に対応するためです。

◉この部屋に必要な照明の数は？

　器具選びで意外と難しいのが、器具の数です。どのくらいの量の照明を用意しておけばいいのでしょうか。右ページに目安の表をのせておきます。白熱灯や蛍光灯を選ぶときは W 数で考えていましたが、LED ではルーメンで考えます。

　LED 照明は③をみます。例えば 8 畳では 2500 ルーメン以上になっています。白熱電球 60W 相当の LED 照明（温白色）が 450 ルーメン程度なので、5.5 個必要になる計算です。大体これくらいで、円形の蛍光灯が 2 本ついた天井付けの器具と同じくらいの明るさです。部屋は均一に照らされ、かなり明るいと思います。器具自体のデザインや材質でも変わりますし、内装の色味が暗い（濃い）と暗く感じたりしますし、個々人の明るさの好みでも変わるので、あくまでも目安です。もっと単純化してしまえば、40 型電球相当 1 個／畳で計算してもいいです。日本の家は明るすぎるとよく言われます。全体は少し暗めで計画して、作業する手元には手元灯を用意する計画が理想です。

表 1　白熱電球、電球型蛍光灯、LED 電球の比較（E26 口金 40W 形）

（数値は概算）	白熱電球	電球型蛍光灯	LED 電球	各項目の比較 （消費電力、節電効果、寿命等）
消費電力	36W	8W	7W	白熱電球が飛び抜けて大きい
節電効果	（基準）	白熱電球の 4.5 分の 1	白熱電球の 5 分の 1	白熱電球以外は差が少ない
1 個の値段	300 円前後	500 円前後	3000 円前後	LED は蛍光灯の 6 倍前後
寿命	1000 時間	6000 時間	4 万時間	LED が非常に長い
寿命の長さ	（基準）	白熱電球の 6 倍	白熱電球の 40 倍	LED は蛍光灯の 6.6 倍
すぐ点くか	すぐ点く	明るくなるまで 少し時間がかかる	すぐ点く	蛍光灯のみ少し 時間がかかる
照射角度	全方向	全方向	狭い／ （一部）全方向	LED 電球は狭い範囲しか 照らさないものが多い
色	選べない	電球色／白	電球色／白	白熱電球以外は選べる
状況	将来廃止	将来廃止		

・白熱電球から LED 電球・電球型蛍光灯への取り替えでは、節電効果は非常に大きい
・電球型蛍光灯から LED 電球へは、節電効果はわずか

（出典：ライティングコーディネーターテキスト）

表 2　必要な明るさの目安

区分	LED 器具		
器具の種類	①天井直付型器具 （シーリングライト、 シャンデリア等）	②天井吊り下げ型器具 （ペンダント、吊り下げ型 シャンデリア等）	③ LED 電球 （一般的なもの）を使用した 器具
～ 4.5 畳 （約 7㎡）	2200lm 以上～ 3200lm 未満	1980lm 以上～ 2880lm 未満	1600lm 以上～ 2400lm 未満
～ 6 畳 （約 10㎡）	2700lm 以上～ 3700lm 未満	2430lm 以上～ 3330lm 未満	2000lm 以上～ 2800lm 未満
～ 8 畳 （約 13㎡）	3300lm 以上～ 4300lm 未満	2970lm 以上～ 3870lm 未満	2500lm 以上～ 3300lm 未満
～ 10 畳 （約 17㎡）	3900lm 以上～ 4900lm 未満	3510lm 以上～ 4410lm 未満	3000lm 以上～ 3800lm 未満
～ 12 畳 （約 20㎡）	4500lm 以上～ 5500lm 未満	4050lm 以上～ 4950lm 未満	3800lm 以上
～ 14 畳 （約 23㎡）	5100lm 以上～ 6100lm 未満	4950lm 以上～ 5490lm 未満	

（出典：パナソニック『住宅照明総合カタログ Expert2024』より作成）

10 照明設備

63 温白色、昼光色など、電球の色味を選ぶポイント

◉「電球色」「温白色」「昼白色」「昼光色」のどれを選ぶか

　電球の色味には、「電球色」「温白色」「昼白色」「昼光色」の4つがあります。このどれを選べばいいのかも、意外と悩むポイントです。電球の色味は、色温度（単位はK：ケルビン）とも呼ばれ、表1のように、自然界の明るさにあわせて設定されています。電球色は朝焼けや夕焼けの色味で約2700K、温白色は電球色と昼白色の中間で約3500K、昼白色は日中の太陽光の色味で約5000K、昼光色は曇っているときの空の色味で約6500Kです。電球色は、落ち着きや安らぎが欲しい場面に向いていますが、作業する場面には不向きです。温白色は、最近出始めた万能型で、温かみもありながらある程度の作業もできます。昼白色は、調理やお化粧、勉強など何か作業する場面に向いていますが、ゆったりと時間を過ごすような環境には不向きです。昼光色は、昼白色よりもさらに明るいので細かい作業をする場面に向きますが、青みがかっているため色味が不自然になったり、目が疲れやすかったりします。

　個人的には、キッチンやトイレ、洗面など作業するところには「昼白色」を、それ以外は「温白色」をおすすめします。家全体を電球色で統一するのは避けた方が賢明です。電球色では、調理もしにくいし、料理もおいしく見えないし、本を読むにも勉強するにも向かないし、爪を切るなどちょっとした作業にも向かないしと、様々な場面でちょっとずつ足りない感じになります。統一するのであれば、万能型の温白色にしましょう（表2）。

◉色温度に合わせてスイッチ計画の回路分けをする

　電球の色味にあわせて、スイッチの回路分けをしておくことも大切です。ほしい光の色（色温度）が違うということは、使う目的やタイミングが違うはずです。それぞれに別々のスイッチを用意して、別々に点灯・消灯ができるようにします。例えば、ダイニングでは団らんを演出できる温白色を、キッチンでは作業性重視の昼白色を使ったときには、調理を終えたらキッチンの昼白色を切ることで、団らんを

演出できるダイニングの温白色で、ゆったりと食事をとれます。間取りで LDK の
ように、1室空間にすると、つい近くの照明を1つの回路にまとめてしまいがちで
すが、適材適所で使い分けられるのが理想です。

表1 色温度と自然界の明るさの対応関係

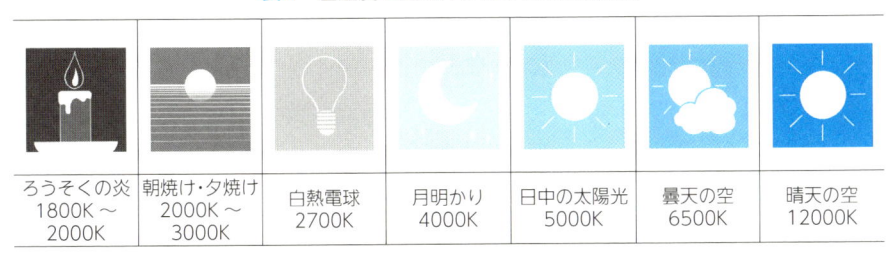

ろうそくの炎 1800K〜 2000K	朝焼け・夕焼け 2000K〜 3000K	白熱電球 2700K	月明かり 4000K	日中の太陽光 5000K	曇天の空 6500K	晴天の空 12000K

表2 場所に合わせた色温度の選択

色温度	電球色 2700K	温白色 3500K	昼白色 5000K	昼光色 6500K
雰囲気	朝日や夕日に近い色温度で、落ち着いた雰囲気に	電球色と昼白色の中間の色温度で、あたたかく明るい雰囲気に	日中の太陽光に近い色温度で、さわやかで活動的な雰囲気に	文字が読みやすい、より青く白い光。細かな作業をする空間に
食卓	△	○〜◎	○〜◎ 食材が美味しく見える	△ 食材や顔色の見え方が変わりがち
キッチン	× 手元作業には向かない	○〜◎	◎ 手元作業がしやすく、食材も美味しく見える	○ 食材の魅力が落ちがち
机・作業台	×	○	◎	◎
居間	○〜◎	◎	○	△
寝室	○〜◎	○〜◎	△	×
トイレ 水回り	×	○	◎ 体調管理のために自然な白色で	×〜△ 少し青い光で顔色など悪く見えがち
玄関	○	◎ 来客のために明るめ	△	×
廊下・階段	○	○	×	×
外部	◎	○	×	×

64 サーカディアンリズムを考慮した照明計画とは

◉ サーカディアンリズム（概日リズム）とは

　サーカディアンリズム（概日リズム）とは、約 24 時間周期の生体リズムのことです。睡眠と覚醒のサイクルや血圧・体温・ホルモンの分泌などがサーカディアンリズムによって変動しています。また、光や温度の変化がない環境でも機能していて、生物に元から備わっているものとして知られています。このサーカディアンリズムの乱れは不眠などの睡眠障害に加え、高血圧や糖尿病、心臓血管系疾患など多くの病気を引き起こす原因になることが分かっています。体内時計は、24 時間より少し長いか短くなっています。地球の自転は 24 時間なので、若干のずれが発生しますが、このズレを修正するのが目から入る光です。「日中は明るく、夜には暗くなる」という自然界における一日の光の変化が、サーカディアンリズムのズレをリセットしてくれます。寝る前にスマホの画面を見ない方がいいというのも、このサーカディアンリズムと光環境のズレが発生するためで、睡眠ホルモンであるメラトニンが十分に分泌されなくなります（図1）。

◉ 照明がもつ健康効果と調光調色

　サーカディアンリズムについて考える時、主に建物の中で生活する現代人にとっては、照明計画が重要になります。朝起きたら日の光を浴び、日中は照明で明るさを保ち、夜は低い色温度と低い照度の照明にして生体リズムを整え、良い睡眠がとれれば理想的です。ここで、LED 照明が持つ、調光調色の機能が役に立ちます。右ページの図を見てください。調光調色とは、照明の明るさを調整する調光と、光の色（色温度）を調整する調色と、両方の機能を持つことを意味します。それによって、それぞれの時間帯に必要とされる光量や色温度に調整ができ、室内に自然光と同じような 1 日の流れを再現することができます。夕方から朝方にかけて照度を下げることができるので、それが節電にもつながります。ボリュームつまみのような壁スイッチや専用リモコン、最近ではスマホなどで操作できます。あらかじめ設定されたパターンを選べたり、無段階調節が可能なものもあります。また既存機器

への対応として、LED電球自体に機能を持たせたものもあります。デメリットは高コストと対応器具の少なさです。そこをクリアできるのであれば、採用の価値ありです。

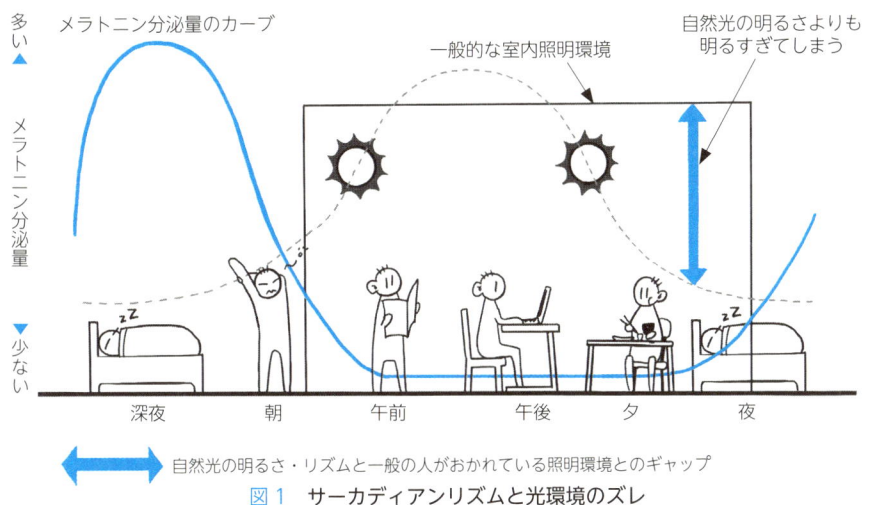

図1　サーカディアンリズムと光環境のズレ

明るい夜間の照明がサーカディアンリズムを乱し、メラトニンの分泌を妨げる

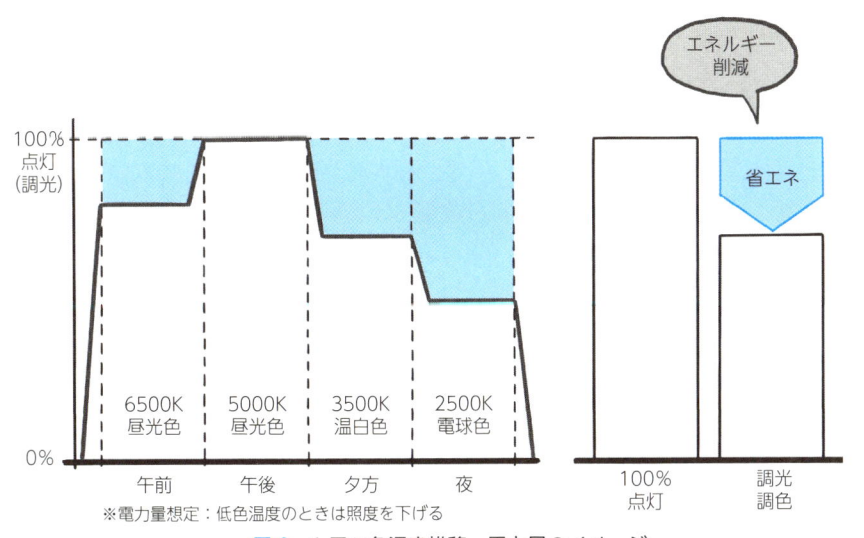

※電力量想定：低色温度のときは照度を下げる

図2　1日の色温度推移・電力量のイメージ

(出典：図1、図2ともに遠藤照明のHPより作成)

65 部屋を効果的に明るくするには、壁を照らすことが有効

◉照明計画は「器具」ではなく「光」を設計する

　照明計画における大きな誤解のひとつが、照明計画は照明器具を選ぶことだと考えてしまうことです。実際は、器具は住まい手の好きなものを採用すればよく、光をどうするかの方が照明計画の肝となります。図1をご覧ください。照明計画は大きく分けると6つの型があります。これが照明をつけたときの部屋の印象になるので、この6つのどれにしたいかをまず決めます。スタートは、床、壁、天井のどこを強調するかを決めることです。床面を強調すると、相対的に天井が暗く感じられて、高級感やプライベート感が強く出ます。壁を強調すると、空間の広がりや奥行き感が出てきます。天井を強調すると、上方向に空間の広がりが出て開放感が感じられます。壁と床を強調すると、重量感のあるどっしりと落ち着いた空間になります。壁と天井を強調すると、もっとも一般的、普遍的な空間になります。全体をバランスよく強調すると、包み込まれるような優しい空間になります。家で過ごすことは夜が多いので、かなりの時間、照明を必要としています。

◉壁を照らすことで効果的に明るさを感じられる

　もう一つある大きな誤解が、光が見えるものと考えてしまうことです。実際には光は見えません。光は何か物に当たって初めて見えるのであって、空気が光ることはありません。壁や床、家具に当たって初めて明るさを認識できるのです。ステージで歌手や役者にスポットライトがあたるシーンで、三角形に光が見えるような気がしますが、あれは光が空気中のホコリやスモークに当たることで円錐形に光が見えているのです。例えば図2のように、部屋の中央部に照明を集中させてしまうと、たくさん照明器具があるのに明るく感じることができなくなります。それは床ばかりが明るくなるだけで、目線の高さの壁が明るくならないので、明るさを感じられないからです。明るくしたいのであれば、目線の高さの壁を明るくすることが一番効果的です。そうすることで照明の数を減らすことができ、結果として省エネにつながります。

非日常的な空間

床面を照らして強調。天井が暗いことで非日常的な雰囲気を演出します。

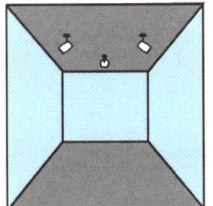

広がり感のある空間

壁面を照らし、横方向への広がりを強調。明るさ感が増します。

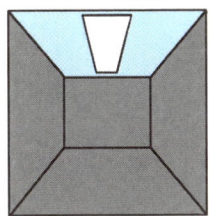

のびやかな空間

天井面を照らし、上への広がりを強調します。

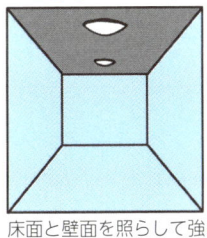

重厚感のある空間

床面と壁面を照らして強調。どっしりとしたイメージを演出します。

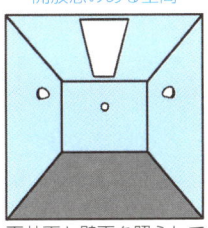

開放感のある空間

天井面と壁面を照らして強調。開放的で安らぎのあるイメージを演出します。

やわらかな雰囲気の空間

全体をバランスよく照らし、光につつまれるようなやさしいイメージを演出します。

図 1　部屋の雰囲気は、照らす面によって変わる（青面が照らす面）

（出典：日本ライティングコーディネート協会『ライティングコーディネーターテキスト第 3 版』より作成）

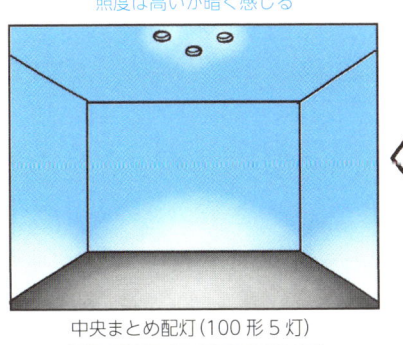

照度は高いが暗く感じる

中央まとめ配灯（100 形 5 灯）

床面平均照度 420lx

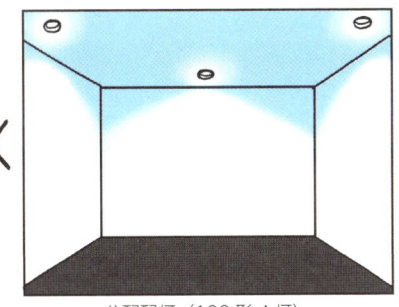

照度は低いが明るく感じる

分配配灯（100 形 4 灯）

床面平均照度 290lx

図 2　壁を効果的に照らすことで空間を明るく

（出典：パナソニック『住宅照明総合カタログ Expert2024』より作成）

66 LED 照明は、簡単に交換可能なものにすること

◉ LED 電球交換可能なものを選定する

LED は長寿命ですが、耐用年数の目安は 10 年と言われ、いつかは交換のタイミングが来ます。その時のために、可能な限り LED 電球交換可能なものを使いましょう。電球だけの交換で済めば、誰でも自分で交換ができます。電球交換不可のものは器具ごと交換する必要があり、その度に電気屋さんに工事をお願いすることになるので、費用も高額になります。最近の照明機器の LED 電球については、従来からある丸い電球型のものではなく、平べったいタイプ（GX53）が主流になってきました。こちらも丸い電球タイプと同じように JIS 規格があり、共通の仕様なので、電球だけの交換が可能です。

◉ダウンライトは S 型のものを選定する

全体照明としても選ばれることの多いダウンライトですが、選定時には S 型（高気密 SB 型、高気密 SGI 型）を選定しましょう。建物の気密ラインがどこにあるかに関わらず、ここに気密性能がないと部屋と天井裏とで空気の対流が起こり不快です。また、天井部分や下屋部分などで断熱材とのからみが出ないとも限りません。その場合は S 型が必須なので、現場で間違えないように、はじめから S 形を選択しましょう。

◉演色性「Ra」とは

「演色性」にも注目してみましょう。演色性は「Ra 値」で表され、照明の下での色の見え方が、自然光の下での色の見え方にどのくらい近いのかを表しています。全く同じに見える場合は Ra100 です。演色性が高いと色の見え方が良く、低いと本来の色とは違った見え方をします。演色性が高いと料理はより美味しそうに見え、人はより顔色が良く見えます。青白い蛍光灯の下だと顔色が悪く見えるのは、演色性が低いからです。少なくとも Ra80 以上（できれば Ra85）のものを選択しましょう。

交換可能の目印

JIS規格
GX53口金ソケット対応
差し込んで回すだけの簡単取り付け

フラットランプは GX53 という JIS 規格なので
今後は採用が増えてくる

図1　LED ランプは交換可能なものを選ぶ

（出典：パナソニック『住宅照明総合カタログ Expert2024』より）

表1　ダウンライトの種類と気密性能

種類		S 形				M 形
		SB 形		SGI 形		（一般型）
断熱材の有無	ブローイング	○		×		×
	マット状	○		○		×
気密性		高気密 SB 形	SB 形	高気密 SGI 形	SGI 形	×
		○	△	○	△	

○：対応　△：ものたりない　×：非対応

（出典：パナソニック『住宅照明総合カタログ Expert2024』より作成）

表2　Ra（演出色）選択の目安

Ra ＼ 場所	食卓	キッチン	机など作業台	居間	寝室	トイレ水回り	玄関廊下	外部
90	◎	◎	◎	◎	◎	◎	◎	◎
85	○	○	○	◎	◎	◎	◎	◎
80	△	△	△	○	○	○	○	○
60	×	×	×	×	×	×	△	△

◎：おすすめ　○：目安　△：ものたりない

10 照明設備

139

67 必要なところだけを照らす、タスク・アンビエント照明

●「タスク・アンビエント照明」とは

　図1は代表的な照明器具の分類です。意外とたくさん種類があります。昔からよく見かけるシーリングライトや最近では一般的になったダウンライト、このところ徐々に増えてきている建築化照明（間接照明）などもあります。発売されている商品数も物凄い数です。照明器具が多様化してきているだけではなく、数も増えてきている証拠でもあります。従来の照明計画では、天井の真ん中にシーリングライトを設置して、部屋全体を均等に明るくしていました。これを一室一灯照明方式といいます。

　これに対して最近では、タスク・アンビエント照明が注目されています。タスク照明とは作業用に手元を照らす照明を、アンビエント照明とは部屋の周辺の明るさを確保する照明を言います。手元に必要とされる明るさと、全体で必要とされる明るさが違う点に注目して、必要な部分に必要な分だけ明るさを届けるという考え方です。図2を御覧ください。かつては作業に必要な明るさ（750lx）を基準に部屋全体の明るさが決まっていました。それがタスク・アンビエント照明となると、作業のための明るさはそのままに、全体照明については室内全般に必要とされる明るさ（300lx）としています。こうすることで、それぞれに必要な明るさを確保しつつも、省エネ化も可能になります。

●「多灯分散照明方式」で省エネ

　多灯分散照明方式という聞き慣れない省エネ手法があります。文字のイメージからよく間違われるのが、照明器具を複数設置したので多灯分散照明方式と考えてしまう点です。単に複数の照明器具を設置する手法は、一室多灯照明方式と言い、多灯分散照明方式とは違います。単にタスク・アンビエント照明というだけなら、一室多灯照明方式に分類されます。多灯分散照明方式は、一室多灯照明方式に省エネ性を加えた手法です。そのため、省エネになるように、部屋にある照明の消費電力の合計を制限する必要があります。具体的には、設置した複数の照明の消費電力が、

天井の中央に照明を設置した場合の標準的な消費電力の合計を超えないことを確認する必要があります。最近の照明器具の多様化とタスク・アンビエント照明の普及で、意図しなくても照明器具が分散配置されるようになってきました。そのことは照明の数が増えていることも示していて、照明を分散配置したのはいいけど、数が増えたせいで増エネになってしまったのでは本末転倒です。そこで全体の消費電力に制限をかけて省エネ化を図ろうというものが、多灯分散照明方式です。

図1 照明器具の分類

(出典：パナソニックカタログ「すまいのあかり」より作成)

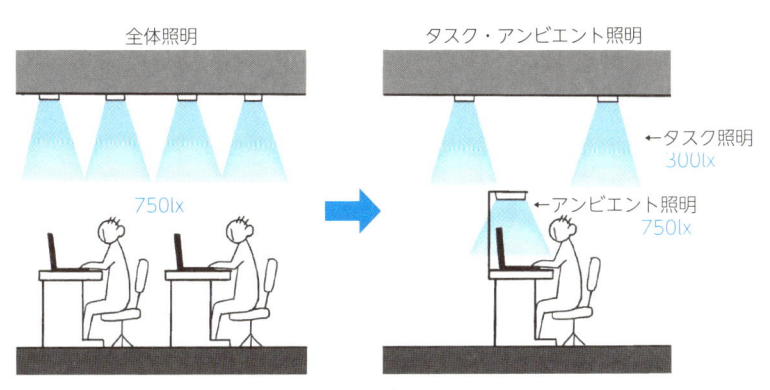

図2 タスク・アンビエント照明

(出典：一般社団法人日本照明工業会「照明器具カエル BOOK 2023」より作成)

68 生活に便利で消し忘れも防ぐ、人感センサー

◉調光と人感センサー

　省エネにもなるし、生活も便利になるものが、ここで取り上げる調光や人感センサーです。世の中の照明は、どんどんLED化されています。白熱電球や蛍光灯が主流な時期から考えれば、LED化されるだけで十分に省エネになるわけですが、そこから更に一歩踏み込んだ省エネ化を図ろうというものです。

　調光とは、照明の明るさを明るくしたり暗くしたりコントロールすることです。人感センサーとは、人が近付くとスイッチがオンになり、人がいなくなるとオフになるというように、自動的に切り替えてくれるものです。改正省エネ法ではこの2つの省エネ効果は評価できるとして、設置した複数の照明の中で、いずれか1つでも調光や人感センサーの機能があれば、「採用する」を選択でき、一次エネルギー消費量を削減できます。基本的には内部だけですが、玄関ポーチの照明だけは対象になります。

◉その他の特殊スイッチ

　照明ではこまめなON／OFFが省エネにつながるわけですが、消し忘れると増エネになってしまいます。照明やスイッチを考える時、消し忘れを防ぐ仕組みがあることが省エネを考えるうえでのポイントになります。改正省エネ法では評価されなくても、省エネになるスイッチ類は他にもあります。便利さを向上させつつ僅かでも省エネ性能を発揮するものもありますので、ここにまとめておきます。

　調色という耳慣れないものも最近出始めました。調光は明るさを制御するものですが、調色は電球の色を制御します。朝から昼間は白色系、夕方から夜は暖色系と、同じ電球で色味を変えることができます。調光と合わせること（調光調色）で、単に調光だけのときよりも省エネを実現します。センサースイッチには照度センサーもあります。周りの明るさに反応するもので、主に外部照明などで外が暗くなってきたら自動的に点灯して、明るくなると消灯します。これに人感センサーを組み合わせて、暗くなってきてから人が来たときだけ点灯して、しばらくすると勝手に消

えるタイプもあります。玄関ポーチや勝手口などにあると便利です。人感センサーに換気扇を合わせたものもあります。主にトイレで採用されますが、人が入ると自動で照明と換気扇が動き出し、いなくなってから一定時間経つと自動で照明が消え、換気扇も止まります。トイレの換気扇が24時間換気に組み込まれていると採用できませんが、非常に便利です。タイマースイッチは一時エネルギー消費量の計算では考慮されませんが、ポーチや外照明を暗い時間だけ点灯させることができるなど、非常に便利で実際には省エネになります。こうした特殊スイッチ類は、生活を便利にしつつ、点灯時間をコントロールすることで省エネになるので、積極的に採用して良いです。

表1　特殊スイッチ類のまとめ一覧

種類	スイッチ	動作	採用場所	一時エネで評価されるか
調光	調光	明るさを制御（手動）	リビング、ダイニング、居室、寝室	○
	調色	電球の色味を制御（手動）	リビング、ダイニング、居室、寝室	×
センサー	人感センサー	人に反応	玄関、廊下、トイレ、収納	○
			ポーチ	○玄関ポーチは対象
			外照明、勝手口	×（外は対象外）
	照度センサー	周りの明るさに反応	ポーチ、外照明、勝手口	×（外は対象外）
	人感センサー＋照度センサー	暗いときだけ人に反応	玄関、廊下	○
			ポーチ	○玄関ポーチは対象
			外照明、勝手口	×（外は対象外）
	人感センサー＋換気扇	人に反応＋換気扇を制御	トイレ	○
タイマー	タイマー	設定した時間だけ点灯	ポーチ、外照明	×
	タイマー＋換気扇	一定時間後に自動消灯	トイレ	×
リモコン	調光、調色、タイマー	（手動）	いろいろ	×

69 省エネ住宅のシンボリックな外観、太陽光発電とは

●「太陽光発電」は環境対策のシンボルに見えてしまう

　今も昔も家づくりをするにあたっては、太陽光発電の話題は避けて通れません。環境対策、エコハウス、エネルギー自立、ZEH、再生可能エネルギー、カーボンニュートラル、脱炭素社会など、どこを覗いても太陽光発電が真っ先にやってきます。そのため調べれば調べるほど、太陽光発電はシンボリックに見えてきます。新築で資源をたくさん使うのであれば、少しでも再生可能エネルギーで環境負荷を減らさないとダメなんじゃないか、太陽光発電を載せないといけないんじゃないかなどと、なんとなくプレッシャーじみたものを私は感じてしまいます。

●設置を検討する時に考えておくこと

- 発電容量は 4kW ～ 5kW が目安（これより少ないと費用の回収が困難）
- 屋根の防水対策（屋根は防水の要、できるだけ孔を開けない製品の選定を）
- 荷重の問題（太陽光発電システム全体の荷重を考慮した構造設計を）
- 近隣への影響（パネルの反射光で近隣に迷惑をかけないか）
- 周辺からの影響（パネルに大きく影を落とすものはないか、建物や樹木など）
- 経済性（回収期間は短ければ短い程よいので、自家消費量を増やす方向で）

上記 6 点が典型的な検討項目だと思います。雨の多い日本なので、屋根の防水性能を犠牲にしては駄目です。屋根に極力穴を開けないタイプの製品選定をし、釘穴シール性の高いルーフィングを使いましょう。荷重の問題は大分コンセンサスを得てきました。計画の途中で太陽光発電を採用したせいで耐震等級が落ち、補助金や保険料の割引が受け取れなかったという事例が存在するので、自分がそうならないようにしましょう。経済性については、FIT（固定価格買取制度）や PPA（俗に言う屋根がし）、リースなどの検討も大切ですが、一番大切なのは自家消費量を増やすことです。「おひさまエコキュート」と合わせた採用を検討してみましょう。エコキュートは一次エネルギー消費性能の計算でも非常に有利です（43 項参照）。おひさまエコキュートは深夜電力ではなく、余剰電力の発生する昼間にお湯を沸か

します。投資回収期間については、一般社団法人環境共生住宅推進協議会と国土交通省とで出している『戸建住宅の太陽光発電システム設置に関する Q&A』(R6.4 月)によれば 5kW のシステムで 16 〜 18 年(補助金なし)と試算されています。この資料は最もバイアスの掛かっていない資料ですので、太陽光発電を検討される方は(新築、既存設置とも)チェックしましょう。

●もうひとつの再生可能エネルギー 太陽熱温水器とは

太陽光発電にどこか似ているけどやっぱり違うものに、太陽熱温水器があります。太陽光発電は消費電力への手当になりますが、こちらは太陽熱でお湯を作るので給湯への手当になります。そのため一次エネルギー消費性能の計算では、給湯の欄にいます。悪天候の影響を受けたり、お湯の大量消費には対応できなかったり、屋根に乗せるには重かったり、使い勝手が少し不便だったりとデメリットがあります。太陽光発電の普及に伴って、設置数を減らしてきました。太陽光発電を採用できないけど、何か再生可能エネルギーを採用したいという時に検討してみましょう。長年の実績があり、システムとして完成されていて、仕組みも単純です。接地面積 4 〜 6㎡を確保できれば、導入コストを回収することは可能です。

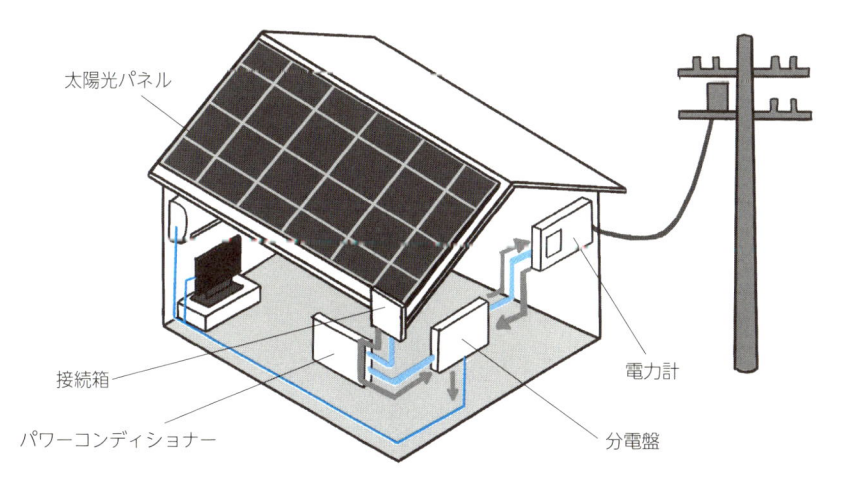

図 1 　太陽光発電のしくみ

(出典:関西電力 HP より作成)

11 自然エネルギー／発電／その他

145

70 エネファームとエコウィルのしくみ

◉コージェネレーションとは

コージェネレーションは、天然ガス、石油、LP ガス等を燃料として、エンジンを回したり、燃料電池を使うなどして発電し、その際に発生して捨てられてしまうことになる廃熱を回収して、給湯や暖房などに利用するシステムです。このようにエネルギーの効率的な利用を可能にして、一次エネルギー消費量や CO_2 排出量を減らすことができます。

◉エネファーム＝化学反応で発電

家庭用燃料電池といえばエネファームと思い浮かぶ方もいるのではないでしょうか。「エネルギー」と「ファーム＝農場」を組み合わせてエネファームです。エネファームは、図1にあるように、都市ガスやＬＰガスから水素を取り出し、空気中の酸素と化学反応させて発電させています。発電と同時に熱が発生しますが、この熱を利用してお湯を沸かし、給湯や暖房などに利用します。この作ったお湯が足りなくなったり時や、お風呂の追い焚きする時のために、補助給湯器（バックアップ熱源機）が必要です。また、電気や熱といっしょに水も発生します。これはドレン水として排出されますが、処理の仕方について、汚水か雑排水か雨水なのかを自治体へ確認して処理しましょう。最大のデリットである初期費用の高さ（200 万円程度）から、なかなか普及は進んでいません。

◉エコウィル＝ガスエンジンで発電 「すでに販売終了」

すでに販売を終了していますが、エコウィルもありました。図2にあるように、都市ガスやＬＰガスを使い、ガスエンジンで発電機を回して発電させています。発電と同時に発生する熱を使ってお湯を沸かし、給湯や暖房に利用します。大まかな仕組みとしては、エネファームと同じです。

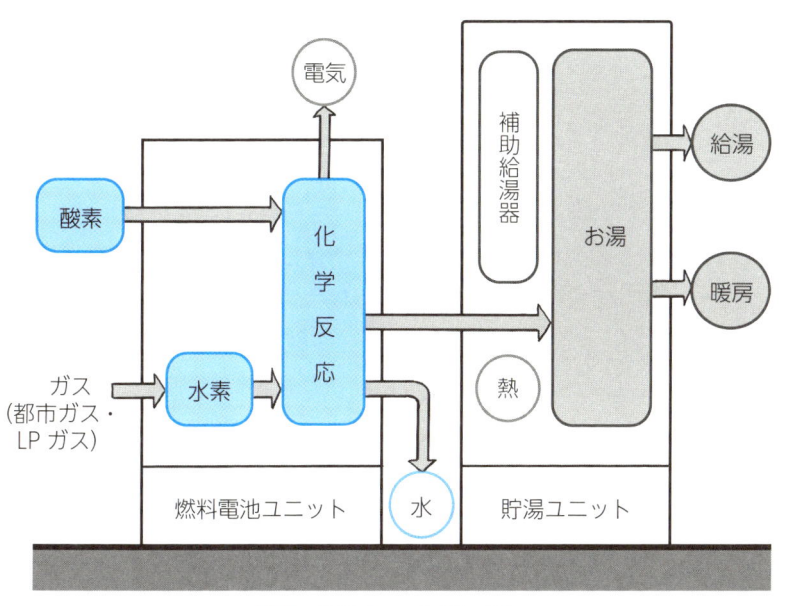

図1　エネファームのしくみ

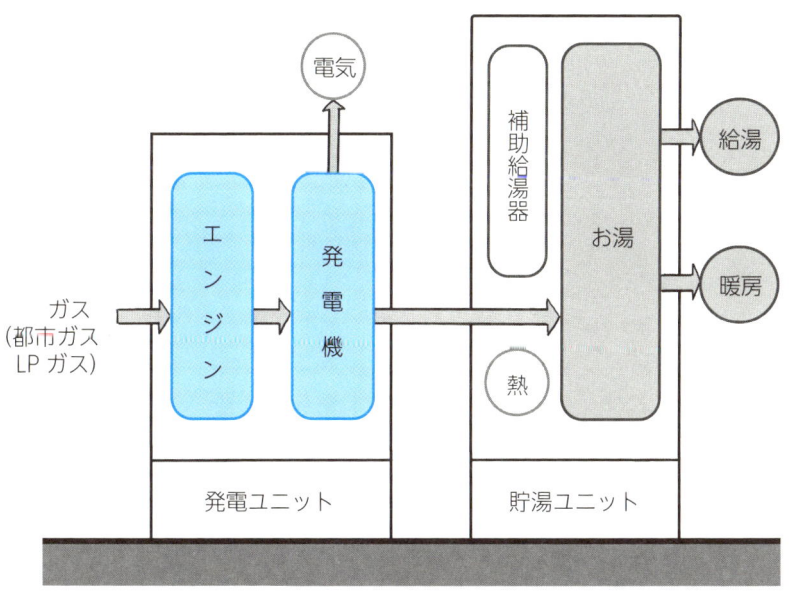

図2　エコウィルのしくみ

（出典：全国 LP ガス協会 HP より作成）

71 バランスよりも 「一点突破」な考え方をお薦めする理由

●一点豪華主義で OK　バランス型は NG　コストへの意識改革をしよう

　開口部に優先的にお金をふり向けることに、なんとなく抵抗感や違和感を持つかもしれません。工事費全体を見たときに、金額のアンバランスさを感じる方もいるかもしれません。この業界に長くいて直感的にお金の部分までイメージできるような、経験豊富なベテランの方ほど感じるかもしれません。それでも省エネ基準を考えたときは、一点豪華主義が正解です。作家の寺山修司氏が『書を捨てよ、町へ出よう』の中で、一点豪華主義を日々の生活に彩を持たせるものだという解釈を与えています。一点豪華主義を選択することは間違いではないし、恥ずかしいものでもないです。

　むしろ、これまでの家づくりの延長線上で、いい塩梅でバランスを取ろうとする方が NG です。それなりの数値の違いはあっても体感として感じられないし、そもそも論として僅かな数値の差はわからないし、冷房してるのに室内はもわっとするし、窓際はジリジリ暑いし、暖房してるのにコールドドラフトのせいか足元がスースーするし、窓際はひんやり寒いし、結露はなくならないし…、全体的にはそれなりに満足だけど、なんとなく不満…という捉えどころのない状態が待っています。なので、誰でもわかりやすく良かったと思えることを採用しましょう。

●実生活を見据えつつ、コストという制約の中で何を優先するのか

　正直なところ、いくら良いとわかっていても、ない袖は振れないので、あれもこれも採用できません。それに、より高性能を目指すと、投入したお金に対して改善される性能が少なくなるので、お金を掛ければ掛けるほどコスパの面で悪くなります。お金の面で色々と比較検討している計算もありますが、無理やり計算をして、もっともらしく見せているといえなくもないのです。保険の比較検討で、"1 日当たりいくら" に換算して割安感を演出する手法には誰しも馴染みがあると思いますが、こういう計算が登場するということは、提供する側も高コストであると認識しているからだと思います。そのうち家づくりも "1 日当たりいくら" で考える時代

が来るかもしれません。しかも計算には前提条件があって、保険のカタログや証書に小さく書いてあるやつですが、この省エネ関連の計算も同じように前提条件があります。より良い側、より高コスト側に誘導したいわけで、そちら側を有利に見せる力学が働いているのも、想像に難しくないです。また、思い切ってコストをかけて何とか数値を改善したけど、その僅かな違いについて、住まい手が実生活で体感できるのか？という問題もあります。数字は見た目でわかるので、僅かな違いでも認識できますが、実感としてはどうでしょうか。生活の中で U_A 値 0.01 や 0.1 の差をどこまで感じ取れるでしょうか？　人間には "個々人の体感差" や "慣れ" の問題もあります。その中でソムリエのように僅かな性能差を感じ取ることはできるのでしょうか。正直なところ、数値の細かな違いついて、私は感じ取れません。ただ1つだけ、省エネ化の手法の中で私を含め、誰でも違いがわかるものがあります。それが「窓」です。

●「窓」が最優先　実生活の側面から考えてみる

　最優先すべきは「窓」です。迷わず「樹脂サッシ + Low-E ペアガラス + アルゴンガス入り」以上のものを選択しましょう。このレベルの窓がもたらす誰でもわかる実生活上の違いのひとつは結露です。私自身も家が新しくなって窓の性能が上がり、滴るほど結露しなくなって、これほどストレスが減るのかと驚いたことを覚えています。温熱環境的に言っても、最大の弱点である開口部を手当てすることが、一番の満足度につながるのは必然です。冬は窓から逃げる熱が減り、コールドドラフトが減り、結露が減り、暖房の効きがよくなり、温かさが長続きします。夏は日射熱が室内に入るのを防ぎ、室温の上昇を抑え、冷房の効きがよくなり、涼しさが長続きします。加えて、樹脂サッシの気密性の高さがもたらす漏気の減少も見逃せません。窓際の気持ち良さは誰しも感じる部分があると思いますが、この気持ちの良い窓際が生活空間になることのメリットも大きいです。数値だけで考えると、実生活上のメリットという視点が欠けてしまいがちです。例え U_A 値が 2030 年基準の 0.6 であったとしても、窓でクリアした場合と、断熱材でクリアした場合とでは、生活のしやすさに間違いなく差が出ます。工事単価でいえば、サッシと断熱材を比べるとサッシの方が高いので、コスト面を考えて断熱材の方を選択したくなりますが、窓を手当てしましょう。

72 2025年改正基準の省エネ仕様は、従来の断熱等級4相当

◉省エネ法（2025年）の仕様基準

まずおさえておくのがこの仕様です。かつては「断熱等級4」「次世代省エネ基準」といわれていたものと同等で、フラット35S金利Aプランを利用したいときに採用していた仕様だと思います（現在はより高性能になっています）。

かつては「高断熱」といわれていたこの仕様が最低基準になります。床、壁、天井（屋根）、開口部（窓や玄関など）について、ちゃんと"効果の感じられる"断熱をしましょうというものです。この仕様でもかつての住宅に比べれば格段に住みやすい温熱環境が手に入ります。私の実家はこの基準で建てられていますが、断熱性能の良さにびっくりして帰っていく人がほとんどです。また改修（リノベ）の仕事でも、この仕様かこの仕様に近いところまで持ってこられると、その住み心地の違いにびっくりされます。

窓にLow-Eペアガラスを、グラスウール（GW）は高性能GWを、床や基礎にボード系断熱材を採用することなどがポイントになります。今使っている建材について、より高性能なものに変えていく方向です。

でも、ここが今回の法改正の本当の目的ではありません。この本を手にした人は、これは移行期の一時的な基準であると知ってください。本当の目的の基準は次項に挙げます。

各部の仕様

部位	仕様	厚み
屋根	高性能グラスウール16K（防湿フィルム付）（90mm＋90mm）	180mm
天井	高性能グラスウール16K（防湿フィルム付）	155mm
外壁	高性能グラスウール16K（防湿フィルム付）	85mm
床	A種押出法ポリスチレンフォーム3種B	65mm
外気に接する床	A種押出法ポリスチレンフォーム3種B	100mm
基礎	A種押出法ポリスチレンフォーム3種B	50mm
窓	金属製建具Low-EペアガラスA6	
玄関ドア	k4／D4仕様	

項目	想定値
U_A 値	0.80
省エネ法	等級 4
HEAT20	―
C 値	―

各地域区分での省エネ等級一覧

地域区分	1 地域	2 地域	3 地域	4 地域	5 地域	6 地域	7 地域
等級	―	―	等級 3		等級 4		

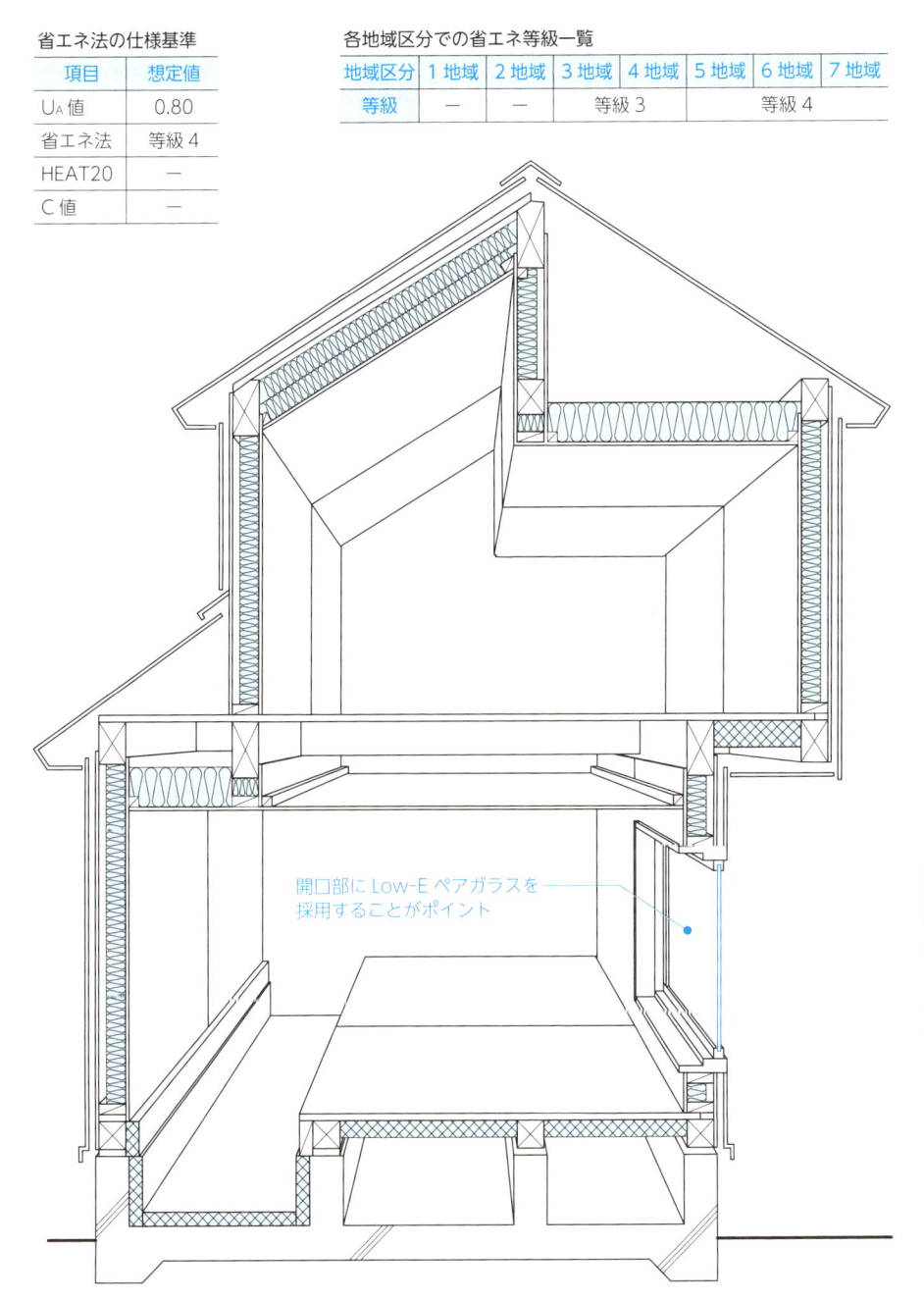

開口部に Low-E ペアガラスを
採用することがポイント

12

断熱設計

151

73 2030年改正予定の基準は、従来のZEHレベル相当

● ZEHレベル（長期優良住宅レベル）への対応　こちらが採用すべき断熱基準

今回の改正省エネ法の本当の目的と言っていいがこの基準です。2030年にこのレベルへ再度改正することを検討していることがすでに公表されています。今でいうZEHまたは長期優良住宅のレベルです。

このレベルになると断熱材がそれなりの厚みになるので施工性も考え、袋入りGWではなく、裸のGWを使って防湿シートは別張りとしましょう。この厚みの袋入りGWをきれいに施工するのは至難の業です。充填のきれいさで実際の性能も変わりますし、きれいさはお施主様も気にされる方が多いのでその対策も兼ねます（31項）。袋入りを使う場合は屋根（天井）が最低でも2重にする必要がありますが、そのまま重ねるのはNGです。2層目の袋（防湿シート）を破ったり、2層目に裸のGWを使ったりする必要があるので、施工方法はメーカーに確認してください。この断熱仕様まで来ると、断熱材にはそれなりの厚みが必要なので、内部結露への対策をきちんとしておく必要があります。そのためには防湿シートをきちんと貼ること大切です。その他に防湿対策としてコンセントまわりなどに気密コンセントボックスを採用したり、配管貫通部も同じように気密処理をしましょう。開口部には複合サッシが最低でも必要になります。

各部の仕様

部位	仕様	厚み
屋根	高性能グラスウール 24K（別張り防湿シート）（105mm +105mm）	210mm
天井	高性能グラスウール 16K（別張り防湿シート）（90mm +90mm）	180mm
外壁	高性能グラスウール 16K（別張り防湿シート）	105mm
床	A 種押出法ポリスチレンフォーム 3 種B	65mm
外気に接する床	A 種押出法ポリスチレンフォーム 3 種B（50mm +50mm）	100mm
基礎	A 種押出法ポリスチレンフォーム 3 種B	50mm
窓	アルミ樹脂複合サッシ Low-E ペアガラス アルゴンガス入り	
玄関ドア	k2 ／ D2 仕様	

ZEH 対応仕様

項目	想定値
U$_A$ 値	0.60
省エネ法	等級 5
HEAT20	G1
C 値	1.0

各地域区分での省エネ等級一覧

地域区分	1 地域	2 地域	3 地域	4 地域	5 地域	6 地域	7 地域
等級	等級 2		等級 3	等級 5			

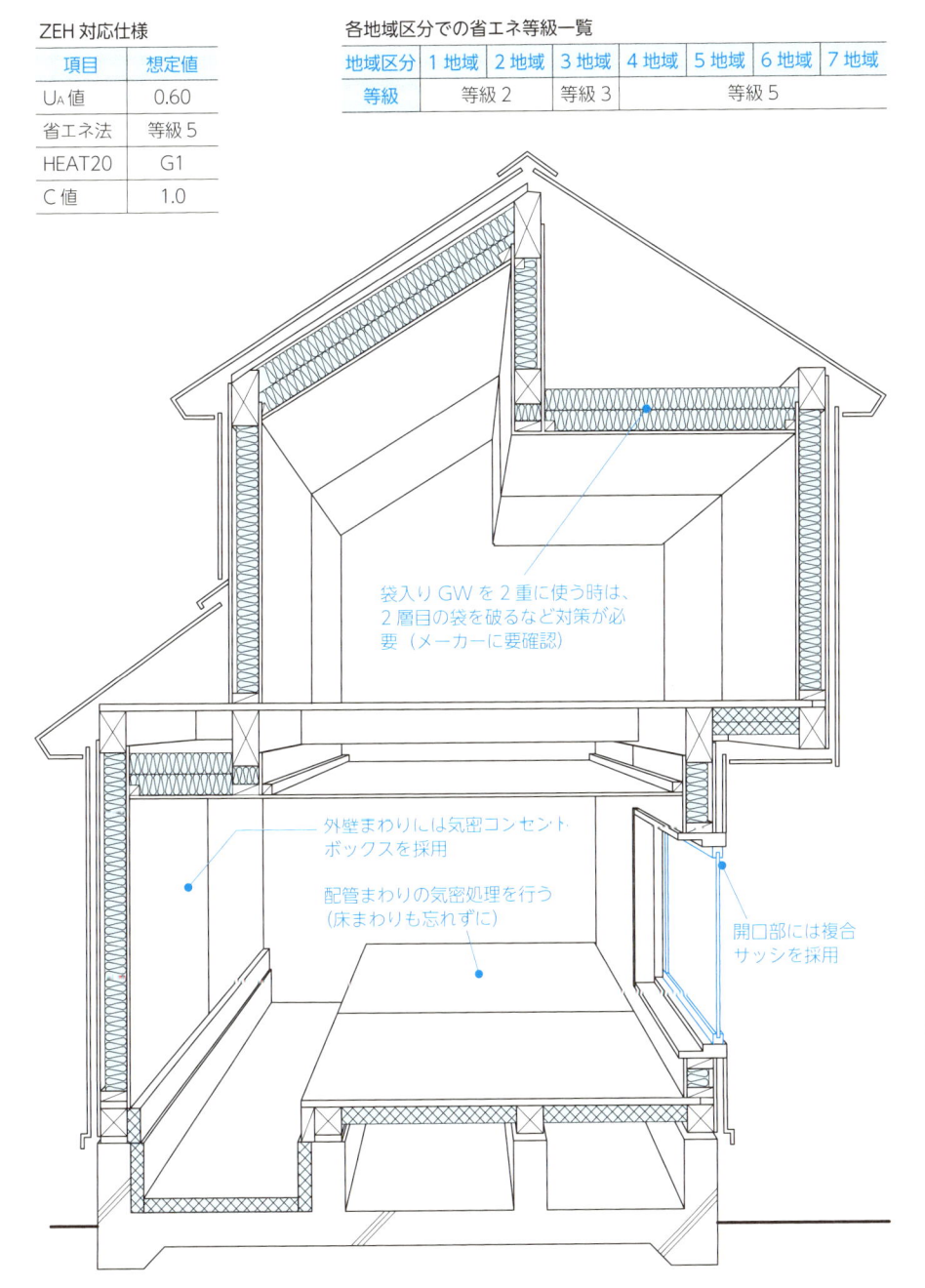

袋入り GW を 2 重に使う時は、2 層目の袋を破るなど対策が必要（メーカーに要確認）

外壁まわりには気密コンセントボックスを採用

配管まわりの気密処理を行う（床まわりも忘れずに）

開口部には複合サッシを採用

12 断熱設計

74 自分なりの基準となる仕様をどう考えるか

●自分なりの基準を持つ

　建築が通り芯を基準とするように、断熱性能を考えるときの通り芯となるようなベンチマークになる仕様を持つといいと思います。設計時には断熱性能だけではなく、諸々の要望なども考える必要があります。野球では、どれだけ大きなあたりでもファウルでは得点にならないように、どれだけ素晴らしい断熱性能でも、実現されないのでは意味なし。基準となる断熱仕様を持つことで、設計段階から断熱性能の目安をもって設計を進めることができます。

　まずこの仕様を作り手側と住まい手側とで共有し、共通認識としたうえで設計作業をスタートさせることをお勧めします。ある程度まとまり、コストが見えてきた段階で、実現させる断熱性能の最終調整に入りましょう。そのままで OK であればそのまま次の段階へ、より高断熱を目指す人はプラスアルファを、コストが厳しく断熱部分で妥協を強いられる時は仕様を下げてコストカットをするなど、方針が見えやすいだけではなく、お互いに納得感を持って進むことができるでしょう。

　この仕様の特徴は、窓の樹脂サッシと、床にフェノールフォームです。樹脂サッシによって結露などの生活面の課題を解決しつつ、床にフェノールフォームを採用することで厚みを抑えつつ性能アップさせている点です。これによってどんなプランであっても確実に長期優良住宅や ZEH 水準をクリアできます。

　なお、これからいくつかの仕様をご紹介しますが、想定 U_A 値を計算する際には「自己適合宣言書」の数値を使っています（36 項）。

各部の仕様

部位	仕様		厚み
屋根	高性能グラスウール 24K（別張り防湿シート）	（105mm +105mm）	210mm
天井	高性能グラスウール 16K（別張り防湿シート）	（90mm +90mm）	180mm
外壁	高性能グラスウール 16K（別張り防湿シート）		105mm
床	フェノールフォーム		66mm
外気に接する床	フェノールフォーム	（66mm +66mm）	132mm
基礎	A 種押出法ポリスチレンフォーム 3 種 B		50mm
窓	樹脂サッシ Low-E ペアガラス アルゴンガス入り		
玄関ドア	k2／D2 仕様		

おすすめの仕様

項目	想定値
U_A 値	0.50
省エネ法	等級 5
HEAT20	G1
C 値	1.0

各地域区分での省エネ等級一覧

地域区分	1 地域	2 地域	3 地域	4 地域	5 地域	6 地域	7 地域
等級	等級 3		等級 5				

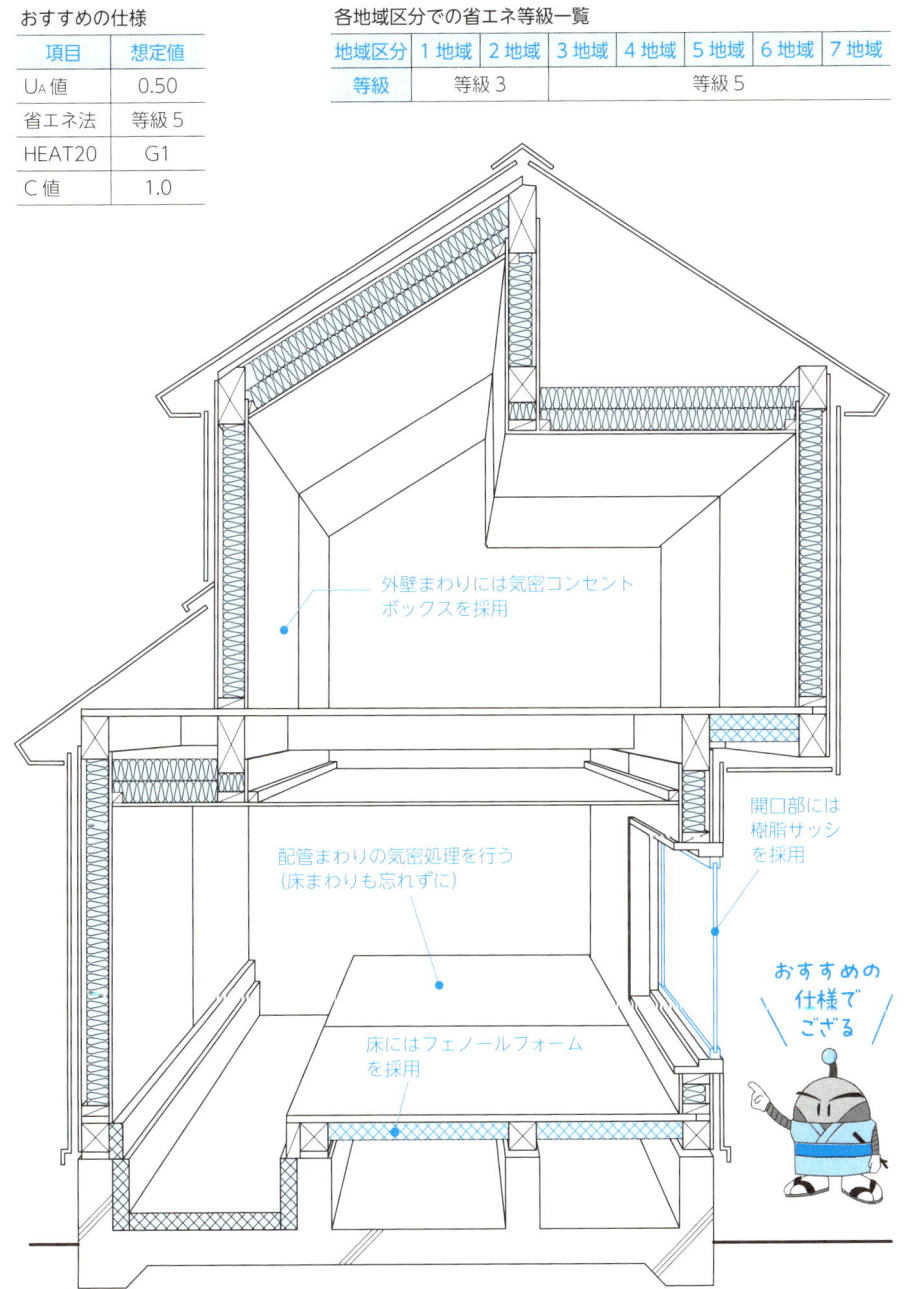

外壁まわりには気密コンセント
ボックスを採用

開口部には
樹脂サッシ
を採用

配管まわりの気密処理を行う
(床まわりも忘れずに)

床にはフェノールフォーム
を採用

おすすめの
仕様で
ござる

12 断熱設計

75 トリプルガラスで、コスパ良く、断熱等級 6 を実現　おすすめの仕様 ①

●住みやすさも考えてトリプルガラスを検討してみる

　温熱環境として一番悪いのが窓際です（00 項）。夏は暑く冬は寒いです。壁の断熱材を厚くしても窓際の温熱環境が大きく改善されることはありません。夏は日射でガラス面や床壁がじりじりと焼け、冬は単に熱が逃げるだけでなく冷放射やコールドドラフトがおきます。この仕様は、この部分への手当を期待できる仕様です。

　単に数値の改善であれば、サッシで対応するよりも断熱材の厚みで対応する方が付加断熱などもあるので改善率は大きいです。ただ、家全体に付加断熱を施すには相当なコストが掛かるので、まずはこの窓際へ優先してコストを掛けてみよう言う仕様です。仮に断熱材の厚みで U_A 値が 0.05 改善されたとして、それがどのくらい体感として感じられるのか私にはわかりません。断熱材の実際の性能には現場の施工精度も影響を与えますので（31 項）、実現されている性能も現場ごとに違ってしまうでしょう。その点において、サッシやガラスでの対応は製品としての対応になるので、確実性では勝るはずです。一度設置してしまえば効果が半永続的に得られるトリプルガラスにコストを振り分ける判断も悪くないのではないかと思います。また、この仕様では、グラスウールの密度を全て 24K とすることで、使いまわしに配慮しつつ、105mmの壁厚に納めつつ、性能アップを図ります。また、少しコシが出るので施工性も良くなると思います。

各部の仕様

部位	仕様	厚み
屋根	高性能グラスウール 24K（別張り防湿シート）（105mm +105mm）	210mm
天井	高性能グラスウール 24K（別張り防湿シート）（105mm +105mm）	210mm
外壁	高性能グラスウール 24K（別張り防湿シート）	105mm
床	フェノールフォーム	66mm
外気に接する床	フェノールフォーム　　　　　　　　（66mm +66mm）	132mm
基礎	A 種押出法ポリスチレンフォーム 3 種 B	65mm
窓	樹脂サッシ Low-E トリプルガラス アルゴンガス入り	
玄関ドア	k2 ／ D2 仕様	

おすすめの仕様 +
トリプルガラスの仕様

項目	想定値
U$_A$ 値	0.45
省エネ法	等級 6
HEAT20	G2
C 値	0.8

各地域区分での省エネ等級一覧

地域区分	1 地域	2 地域	3 地域	4 地域	5 地域	6 地域	7 地域
等級	等級 4		等級 5		等級 6		

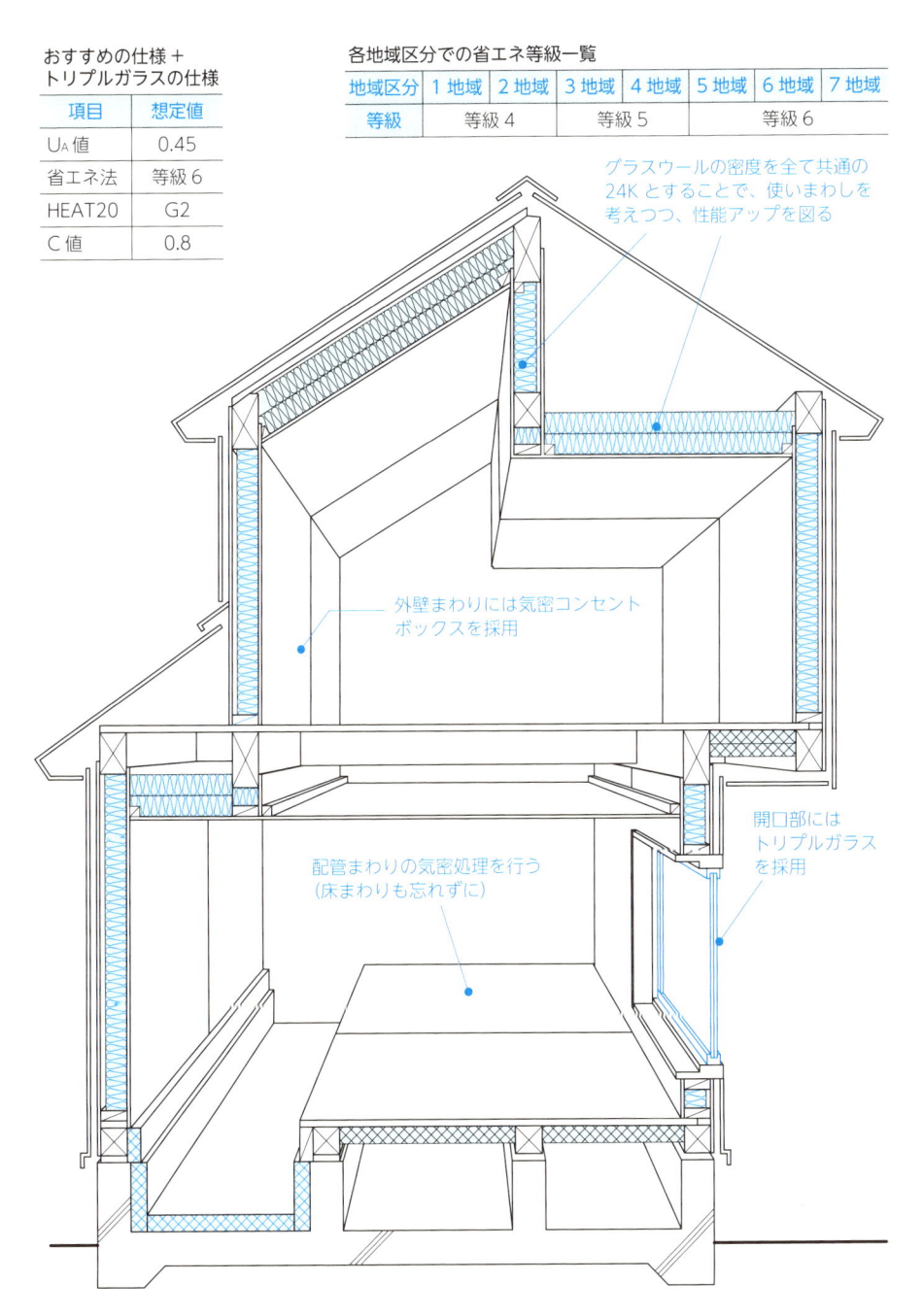

グラスウールの密度を全て共通の
24K とすることで、使いまわしを
考えつつ、性能アップを図る

外壁まわりには気密コンセント
ボックスを採用

開口部には
トリプルガラス
を採用

配管まわりの気密処理を行う
（床まわりも忘れずに）

12
断熱設計

76 ペアガラスでも、厚めの断熱材で断熱等級6に おすすめの仕様 ②

◉筆者の基準

　等級6 = G2 をクリアことを考え、私が採用している仕様です。付加断熱や外張り断熱を使うことなく、実現しようと考えてのものです。断熱材の厚みが増すこともあり、内部結露防止の観点からも、これまでよりも一層の防湿・気密への配慮が必要です。各部分へのテープ処理など、施工についても一定の習熟が必要になります。

　GW は密度があがりますが、その分だけ自立性が高くなるので施工性は上がると思います。ボード系断熱材も厚みが増しますが、こちらは裁断や取り回しも含め施工手間が上がってくると思います。耐力面材や合板の目地のテープ処理は、確実に材工でコストアップになりますが、気密性能アップ（C 値改善）には避けて通れない処理です。難しい作業ではないので、確実性が高くおすすめです。ただ、時期的に雨続きで屋根や外壁の施工を急ぎたかったり、高い気密性能を必要とする 1 種換気を採用しない場合でコストアップを避けたいときなどは、省いても良いと思います。

　個人的にはこのあたりの断熱材の厚みが高断熱を目指すうえでも現実的な妥協点かなと思っています。屋根や天井については懐寸法など考えても材成 240㎜（もしくは 2 × 10 で 238㎜）、壁は 120 角、大引 105 角など入手性やコストなどを考えてのことです。

各部の仕様

部位	仕様	厚み
屋根	高性能グラスウール 24K（別張り防湿シート）（120mm +120mm）	240㎜
天井	高性能グラスウール 24K（別張り防湿シート）（120mm +120mm）	240㎜
外壁	高性能グラスウール 24K（別張り防湿シート）	120㎜
床	A 種押出法ポリスチレンフォーム 3 種 B	100㎜
外気に接する床	フェノールフォーム	100㎜
基礎	A 種押出法ポリスチレンフォーム 3 種 B	100㎜
窓	樹脂サッシ Low-E ペアガラス アルゴンガス入り	
玄関ドア	k2 ／ D2 仕様	

筆者の仕様

項目	想定値
U_A 値	0.45
省エネ法	等級 6
HEAT20	G2
C 値	0.6

各地域区分での省エネ等級一覧

地域区分	1 地域	2 地域	3 地域	4 地域	5 地域	6 地域	7 地域
等級	等級 4		等級 5		等級 6		

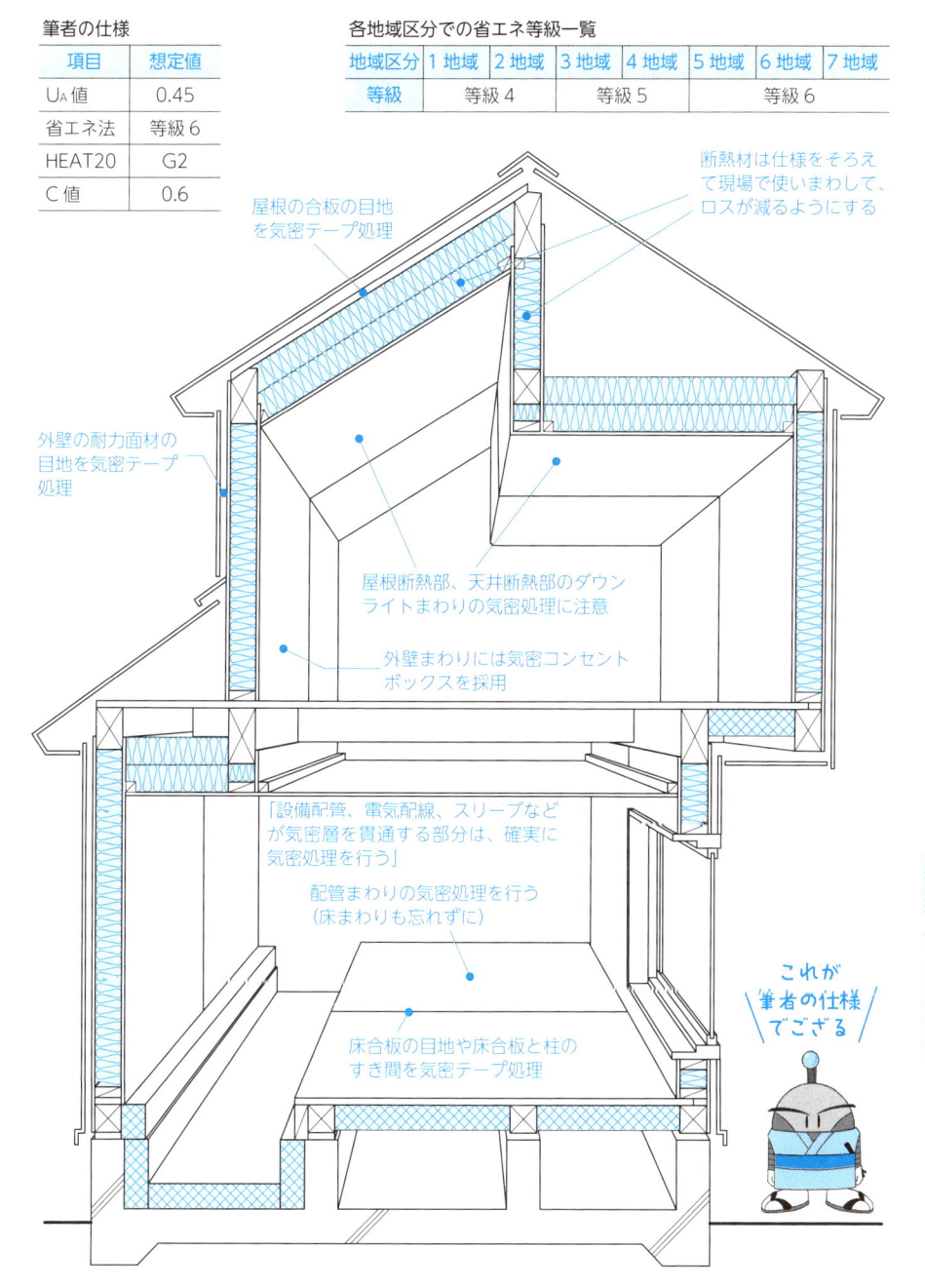

77 トリプルガラス＋厚めの断熱材で Uₐ値0.4を達成 おすすめの仕様 ③

● 筆者の仕様とトリプルガラスを組み合わせるとどうなるか

　ここでは筆者の仕様にトリプルガラスを採用した場合を見てみます。より一層の性能アップを実現するときの対応策として第一に検討している仕様です。開口部の性能を採用しやすいもので最高レベルの性能にしておこうという考え方のため、玄関ドアも高断熱仕様（k2／D2を超える仕様）としています。いつもの慣れ親しんだ建材と工法の延長線上にあるので、コストを掛ける価値のある仕様だと思います。もう一声頑張れるのであれば、床断熱にフェノールフォームを採用することも検討の価値があると思いますが、屋根断熱や天井断熱をこれ以上厚く、且つきれいに施工することはなかなか難しいと思うので、現実的なところでの最高レベルではないかと考えています。

　別の言い方をすると、これ以上の断熱性能のアップにお金を掛けるか、快適な設備や嗜好性の高い仕上げなどにお金を回すかの、分岐点になる仕様だと思います。この本が対象にしている5〜7地域であれば、温熱環境的にものすごく高いレベルで快適性が実現されているレベルです。家づくりは断熱性能を突き詰めることが目的ではないので、性能的な追求はここが一区切りと考えます。

　断熱性能が高くなればなるほど、遮熱対策の重要性も増します（37項）（38項）。ここからさらにコストが掛けられるのであれば、外付けブラインドをはじめとした遮熱対策へコストを振り分ける方が筋の良い設計です。

各部の仕様

部位	仕様	厚み
屋根	高性能グラスウール 24K（別張り防湿シート）（120mm＋120mm）	240mm
天井	高性能グラスウール 24K（別張り防湿シート）（120mm＋120mm）	240mm
外壁	高性能グラスウール 24K（別張り防湿シート）	120mm
床	A種押出法ポリスチレンフォーム 3種B	100mm
外気に接する床	フェノールフォーム	100mm
基礎	A種押出法ポリスチレンフォーム 3種B	100mm
窓	樹脂サッシ Low-E トリプルガラス アルゴンガス入り	
玄関ドア	高断熱仕様（k2／D2 仕様より高性能）	

おすすめの仕様③

項目	想定値
U_A 値	0.40
省エネ法	等級 6
HEAT20	G2
C 値	0.6

各地域区分での省エネ等級一覧

地域区分	1 地域	2 地域	3 地域	4 地域	5 地域	6 地域	7 地域
等級	等級 5				等級 6		

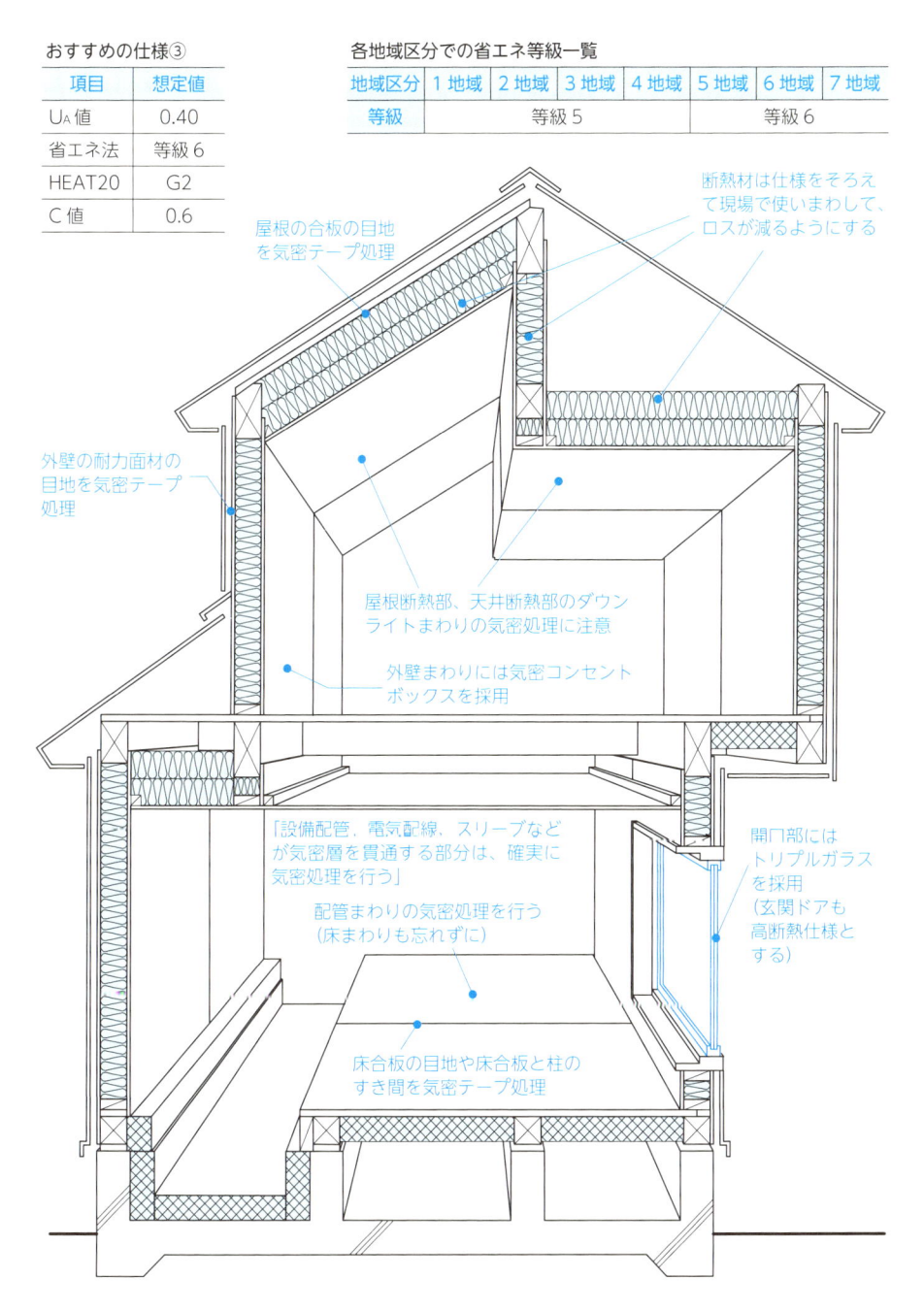

屋根の合板の目地
を気密テープ処理

断熱材は仕様をそろえ
て現場で使いまわして、
ロスが減るようにする

外壁の耐力面材の
目地を気密テープ
処理

屋根断熱部、天井断熱部のダウン
ライトまわりの気密処理に注意

外壁まわりには気密コンセント
ボックスを採用

「設備配管、電気配線、スリーブなど
が気密層を貫通する部分は、確実に
気密処理を行う」

配管まわりの気密処理を行う
（床まわりも忘れずに）

開門部には
トリプルガラス
を採用
（玄関ドアも
高断熱仕様と
する）

床合板の目地や床合板と柱の
すき間を気密テープ処理

12 断熱設計

78 外壁に付加断熱 45mmで 性能アップを狙う　おすすめの仕様 ④

●外壁へ付加断熱をする

いよいよ付加断熱の登場になります。45角という流通材の規格寸法や固定用の釘やビスのことを考えた上で、まずは取り組みやすい仕様だと思います。ここでは最大限の性能アップを考え、高性能なフェノールフォーム系断熱材で付加断熱をした場合を検討しています。

付加断熱となると真っ先にサッシをどの面に設置するのかが問題になります。これまで通り構造躯体面に取り付けて、外壁面から引っ込んだ納まりとするのか、防水のしやすさや確実性を考え付加断熱面に取り付けるのか（サッシをふかして取り付けるのと同じ）、決める必要があります。

窓まわりといえば最も漏水事故が多い場所でもあります。これまでの長年の試行錯誤の成果があり、納まりの整理がされたことで、近年は昔に比べると大幅に漏水事故は減りました。付加断熱は、この部分に新しい納まりを登場させます。窓が外壁から引っ込んだ納まりや、重い樹脂サッシのふかし枠へ取り付けなど、長期的な検証はまだだと思います。そのため、個人的には外張り断熱で採用されているような、ふかし枠への取り付けが第一選択だと思います。

付加断熱を充填断熱と外張り断熱の組わせと考えれば、自然に導き出される答えだからです。

各部の仕様

部位	仕様	厚み
屋根	高性能グラスウール 24K（別張り防湿シート）（120mm +120mm）	240mm
天井	高性能グラスウール 24K（別張り防湿シート）（120mm +120mm）	240mm
外壁	高性能グラスウール 24K（別張り防湿シート）	120mm
付加断熱	フェノールフォーム	45mm
床	A 種押出法ポリスチレンフォーム 3 種B	100mm
外気に接する床	フェノールフォーム　　　　　　（45mm＋ 45mm＋ 45mm＋ 45mm）	180mm
基礎	A 種押出法ポリスチレンフォーム 3 種B	100mm
窓	樹脂サッシ Low-E トリプルガラス アルゴンガス入り	
玄関ドア	高断熱仕様（k2 ／ D2 仕様より高性能）	

項目	想定値
U_A 値	0.35
省エネ法	等級 6
HEAT20	G2
C 値	0.4

各地域区分での省エネ等級一覧

地域区分	1 地域	2 地域	3 地域	4 地域	5 地域	6 地域	7 地域
等級	等級 5				等級 6		

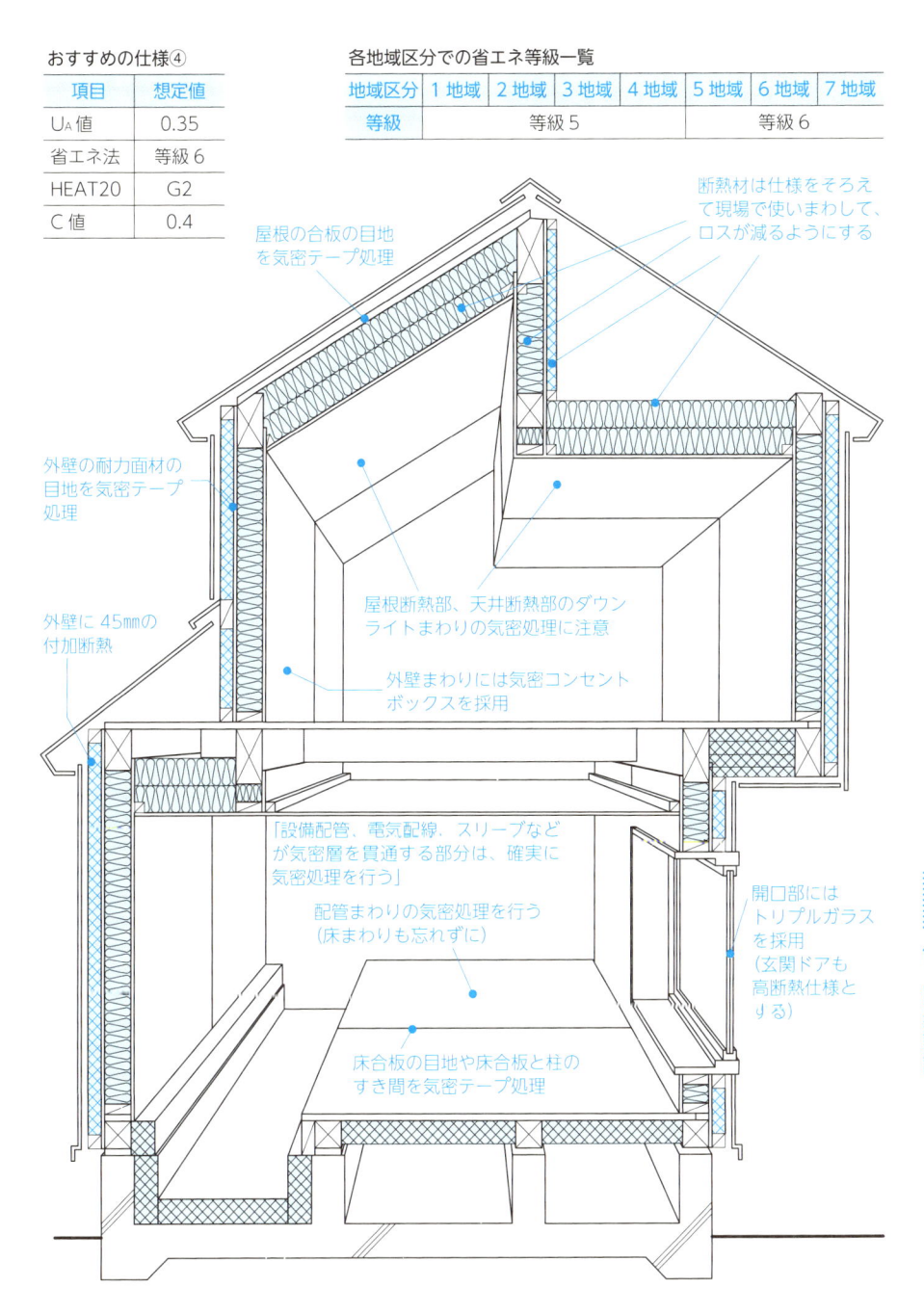

屋根の合板の目地を気密テープ処理

断熱材は仕様をそろえて現場で使いまわして、ロスが減るようにする

外壁の耐力面材の目地を気密テープ処理

外壁に 45mm の付加断熱

屋根断熱部、天井断熱部のダウンライトまわりの気密処理に注意

外壁まわりには気密コンセントボックスを採用

「設備配管、電気配線、スリーブなどが気密層を貫通する部分は、確実に気密処理を行う」

配管まわりの気密処理を行う（床まわりも忘れずに）

開口部にはトリプルガラスを採用（玄関ドアも高断熱仕様とする）

床合板の目地や床合板と柱のすき間を気密テープ処理

12 断熱設計

163

79 外壁に付加断熱 90㎜で Uₐ 値 0.3 を達成　おすすめの仕様 ⑤

●付加断熱の施工に習熟が必要

　このレベルの付加断熱を行うためには、技術的に一層の習熟が必要になります。またコストアップも大きくなると予想されます。下地の固定には構造用ビスが必要になります。45㎜では N 釘などでも対応可能でしょうが、90㎜となればそうはいきません。材料としても使用頻度の高い 45㎜材ではなくなので、コストも作業人工も割高になるのは容易に理解できるところだと思います。それもあり、使用する断熱材の厚みを 90㎜共通にしています。

　工期も必要になるので、その間に雨に降られることもあるでしょう。その場合は十分に材料の乾燥期間をとる必要もあります。湿潤な状態で壁内に隠蔽してしまっては、壁内結露の原因となることも考えられます。現場側としては、外部にかける工期、人工が 2 倍以上は必要になるでしょうから、内部の工事と外部の工事との段取りをどうするかも試案のしどころです。

　より工期と手間が必要になりますが、部材の手配をしやすくするという意味で、付加断熱の断熱材を 45㎜厚として、2 重に張るという方法もあります。この場合は、1 層目と 2 層目の方向を変えて張ります。

　プランにもよりますが、このレベルまで来ると Uₐ 値も 0.2 台が見えてきます。

各部の仕様

部位	仕様	厚み
屋根	高性能グラスウール 24K（別張り防湿シート）（120㎜ +120㎜）	240㎜
天井	高性能グラスウール 24K（別張り防湿シート）（120㎜ +120㎜）	240㎜
外壁	高性能グラスウール 24K（別張り防湿シート）	120㎜
付加断熱	フェノールフォーム	90㎜
床	フェノールフォーム	90㎜
外気に接する床	フェノールフォーム　　　　　　　　　　　（90㎜＋ 90㎜）	180㎜
基礎	フェノールフォーム	90㎜
窓	樹脂サッシ Low-E トリプルガラス アルゴンガス入り	
玄関ドア	高断熱仕様（k2 ／ D2 仕様より高性能）	

おすすめの仕様⑤

項目	想定値
UA 値	0.30
省エネ法	等級 6
HEAT20	G2
C 値	0.4

各地域区分での省エネ等級一覧

地域区分	1 地域	2 地域	3 地域	4 地域	5 地域	6 地域	7 地域
等級	等級 5			等級 6			

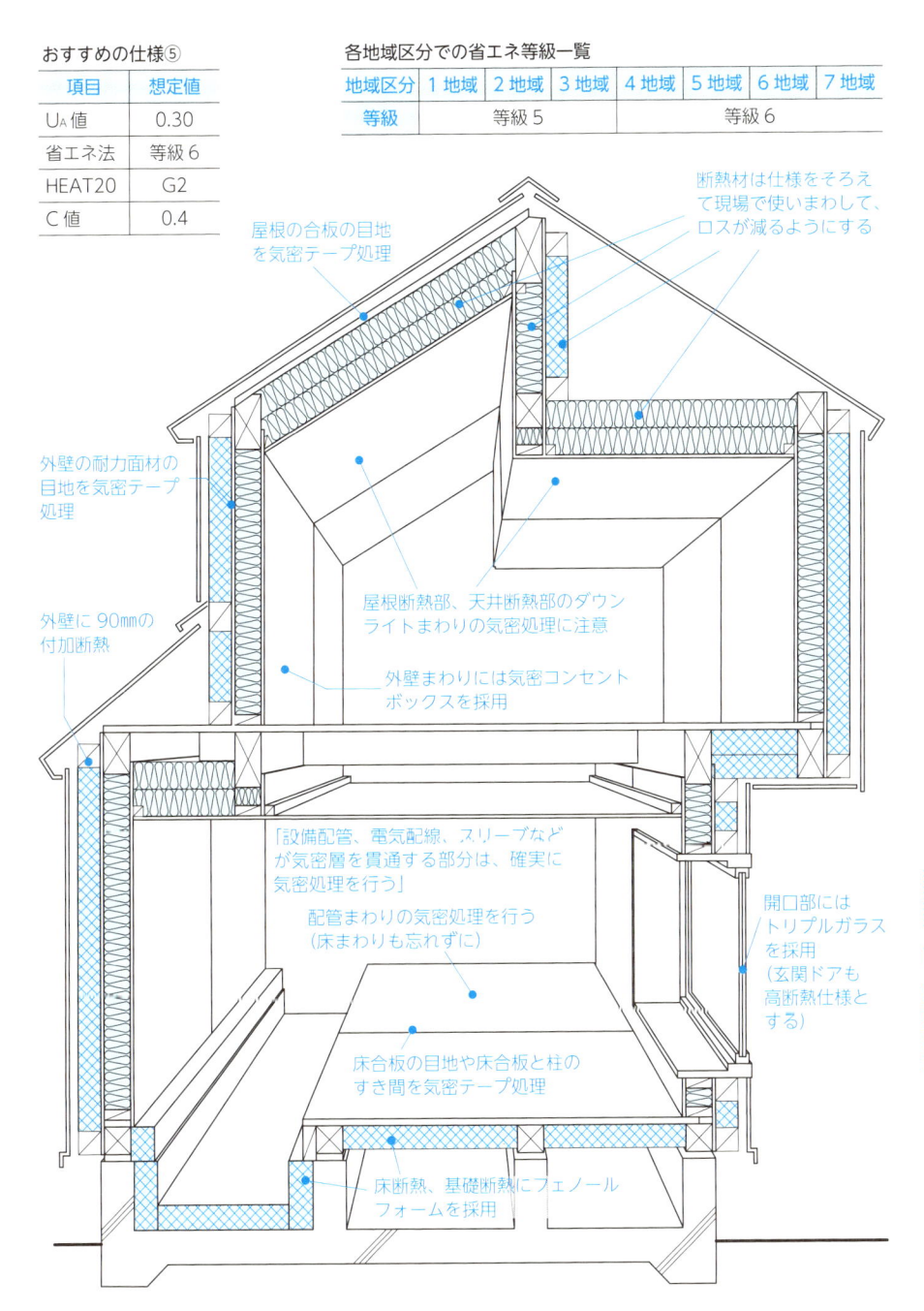

断熱材は仕様をそろえて現場で使いまわして、ロスが減るようにする

屋根の合板の目地を気密テープ処理

外壁の耐力面材の目地を気密テープ処理

外壁に 90mm の付加断熱

屋根断熱部、天井断熱部のダウンライトまわりの気密処理に注意

外壁まわりには気密コンセントボックスを採用

「設備配管、電気配線、スリーブなどが気密層を貫通する部分は、確実に気密処理を行う」

配管まわりの気密処理を行う（床まわりも忘れずに）

開口部にはトリプルガラスを採用（玄関ドアも高断熱仕様とする）

床合板の目地や床合板と柱のすき間を気密テープ処理

床断熱、基礎断熱にフェノールフォームを採用

12 断熱設計

80 屋根と外壁に付加断熱 100㎜で Uₐ値 0.25！ おすすめの仕様 ⑥

●屋根の付加断熱（屋根断熱の場合）

　前項の仕様に、屋根の付加断熱を追加しています。厚みは同じ断熱材を使う部分について共通の 100mm としました。また、それにあわせて天井断熱も厚みを増しています。マット状の断熱材でこの厚みをきれいに施工するのは至難の業だと思うので、天井の懐を確保してブローイング工法（吹込み工法）にする方法も考えられます。また、設計としては窓の数を最小限とすることを前提にしています。

　ここまで来てようやく最高等級の等級 7、G3 のレベルになります。72 項の 2025年基準（等級 4）と比べて頂くと、その差は一目瞭然です。外壁の厚みが物凄く増すので、敷地境界との離れ寸法に注意が必要になります。これは他の仕様の付加断熱の時も同じですが、いつもと同じ感覚で設計してしまうと、特に狭小地などでは通行できないどころか、足場が立たず施工できないなんてことも考えられます。そこまでいかなくても、エアコンの室外機が置けない、給湯器の排気が隣家へ直撃してしまった・・・なんて話は時折耳にするので、建物の配置計画も重要になります。また、ここまで徹底した仕様を目指すのであれば、より高性能な木製サッシの採用も検討する必要性も出るでしょう。天井断熱の厚みも必要になります。うっかり天井高が低くなりすぎないように注意しておく必要もあります。パッシブハウスジャパンのパッシブハウスを目指すとなると、このレベルのUₐ値が必要になってきます。

各部の仕様

部位	仕様	厚み
屋根	高性能グラスウール 24K（別張り防湿シート）（120㎜＋120㎜）	240㎜
付加断熱	フェノールフォーム	100㎜
天井	高性能グラスウール 24K（別張り防湿シート） （120㎜×3 もしくはブローイング）	360㎜
外壁	高性能グラスウール 24K（別張り防湿シート）	120㎜
付加断熱	フェノールフォーム	100㎜
床	フェノールフォーム	100㎜
外気に接する床	フェノールフォーム	200㎜
基礎	フェノールフォーム	100㎜
窓	樹脂サッシ Low-E トリプルガラス アルゴンガス入り	
玄関ドア	高断熱仕様（k2／D2 仕様より高性能）	

おすすめの仕様⑥

項目	想定値
U_A 値	0.25
省エネ法	等級 7
HEAT20	G3
C 値	0.4

各地域区分での省エネ等級一覧

地域区分	1 地域	2 地域	3 地域	4 地域	5 地域	6 地域	7 地域
等級	等級 6				等級 7		

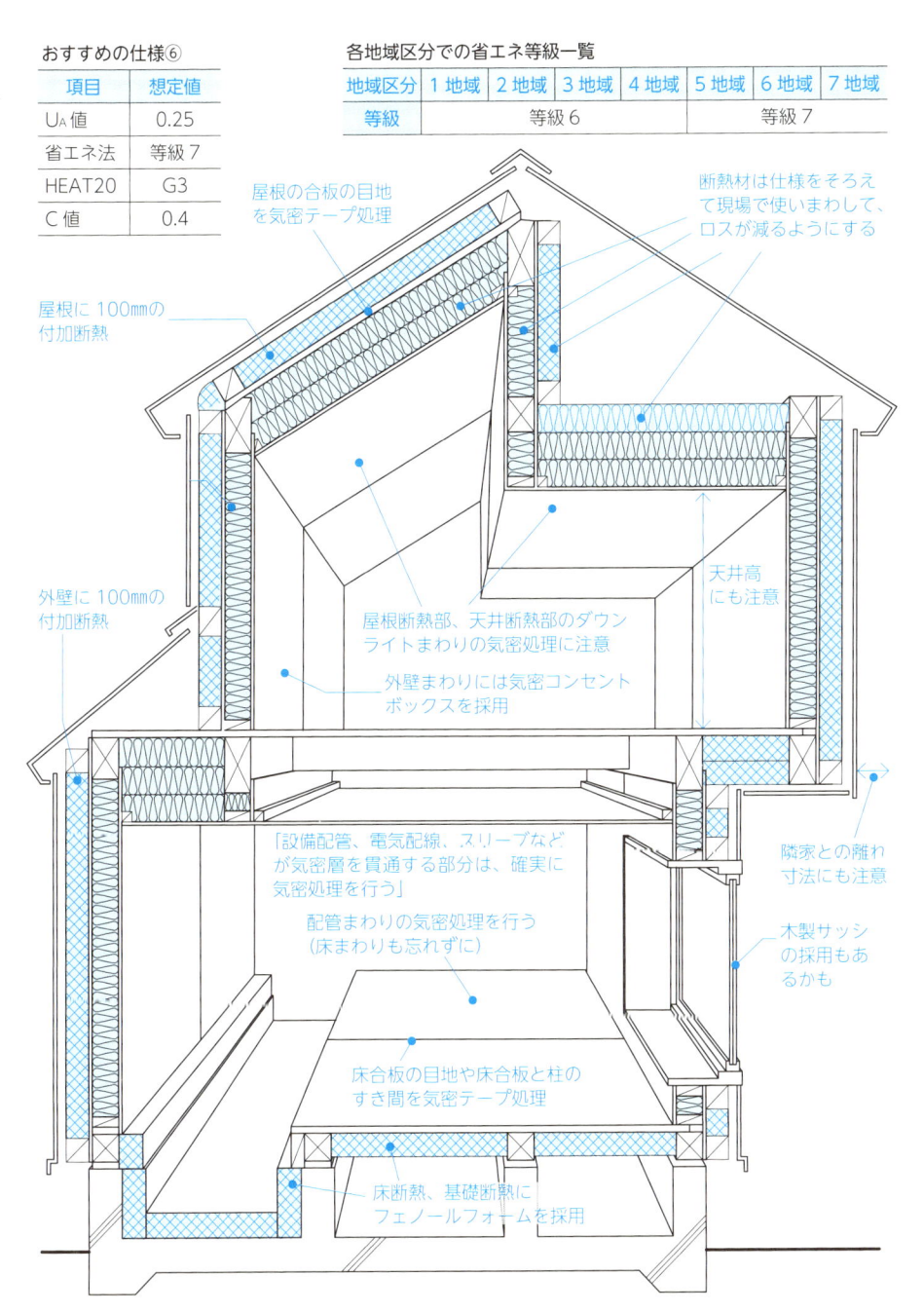

屋根の合板の目地を気密テープ処理

断熱材は仕様をそろえて現場で使いまわして、ロスが減るようにする

屋根に 100mmの付加断熱

天井高にも注意

屋根断熱部、天井断熱部のダウンライトまわりの気密処理に注意

外壁に 100mmの付加断熱

外壁まわりには気密コンセントボックスを採用

隣家との離れ寸法にも注意

「設備配管、電気配線、スリーブなどが気密層を貫通する部分は、確実に気密処理を行う」

配管まわりの気密処理を行う（床まわりも忘れずに）

木製サッシの採用もあるかも

床合板の目地や床合板と柱のすき間を気密テープ処理

床断熱、基礎断熱にフェノールフォームを採用

12 断熱設計

あとがき

　本書では、あえて公の情報を多く参照する形式にしています。それは高気密・高断熱化は特別なことではなく、既に方法論も確立され、安全性も信頼性も高いものなのだと知ってもらいたいと思ったからです。そのためこの本には、建築関係者からみてカッコイイと思えるようなディテールなども載っていません。今は 2024 年 8 月ですが、2030 年までは、新築もリノベも継続的に色々な動きがあると思います。現時点で情報は FIX されているわけではなく、次々に更新されると思うので、最終的にどうなるのかを必ず確認してください。そこだけはご注意ください。

　2009 年に実家の建替えがあり、その後に建築の世界へ入りました。建替えの時にお願いした設計事務所のスタッフが文系人間だけど建築をやれていると知って心がざわつき、結局はその後を追うように早稲田の芸術学校へ行き、実家の建て替えをお願いした設計事務所にスタッフとしてお世話になり、沢山の仲間に支えられつつ今に至りました。お陰様で、まわりとは少し違う味わいを持った設計者に成長していたのだなと改めて感じています。こんな経歴なので、会った相手には一発で覚えてもらうことができ、大分得もしてきたと思います。というのは、今回の出版のお話を頂けたのも、なんか面白そうなやつがいるな、から始まったからです。

　編集担当者の知念靖廣氏には声を掛けて頂いたこと、粘り強く且つ的確な助言や励ましを頂きましたことを感謝しています。イラストを担当して頂いたカサハラシオリ氏にも感謝しています。柔らかなタッチのイラストもこの本の 1 つの見所になりました。そして i+i 設計事務所の飯塚豊氏への感謝も忘れられません。実家の設計者でもあり、人生の道の半ばで進路変更を図った私をスタッフとして受け入れて頂いた上に、今なお仕事を通じて何度も助けて頂いています。そして、陰ながら見守り続けてくれている皆様、芸術学校の関係者から学生仲間、同僚、施工関係者、逐一情報をくれる営業担当者、仕事仲間、クライアントの方々まで、感謝を忘れることはありません。そして何より、こんな私に最大限振り回されたであろう両親と弟家族へは感謝してもしきれません。

　この本を手に取った方に少しでもお役に立てたとしたら、何よりの喜びです。

2024 年 8 月　熊澤　悟史

索引

熊澤悟史〈くまざわ・さとし〉

熊澤悟史建築設計事務所主宰。1975年神奈川県平塚市生まれ。文系人間であったが、2009年に実家を飯塚豊氏（ｉ＋ｉ設計事務所）に建ててもらった縁から一念発起して建築の道へ。早稲田大学芸術学校を経て、ｉ＋ｉ設計事務所にアルバイト時代を含め約10年にわたって務め、最後は右腕として活躍。2019年独立。資格取得多数(11件)。

イラスト　カサハラシオリ

フリーランスデザイナー。京都工芸繊維大学卒。2024年4月より大阪電気通信大学発ベンチャーの一級建築士事務所CreateForSmile合同会社の設立に尽力。パートナーシップを組み協働プロジェクトなども実施している。

※本書は、2024年8月時点の情報をもとに執筆しています。今後正式に公布されるまでの間に変更等がある可能性のものもあります。また、正式に施行となるまでには、現行法規定への適合が必要ですので、ご注意ください。

省エネ住宅・断熱等級6の目指し方
——今すぐ使える80の基本知識と推奨仕様——

2024年9月20日　　第1版第1刷発行

著　　者　熊澤悟史

発 行 者　井口夏実

発 行 所　株式会社 学芸出版社
　　　　　〒600-8216　京都市下京区木津屋橋通西洞院東入
　　　　　電話 075-343-0811
　　　　　http://www.gakugei-pub.jp/
　　　　　E-mail info@gakugei-pub.jp

編集担当　知念靖廣

装丁・DTP　KOTO DESIGN Inc.　山本剛史・萩野克美
印刷・製本　モリモト印刷

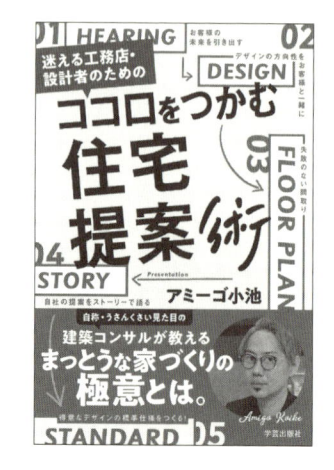